Bier

Braugeheimnisse aus der ganzen Welt

WHITE STAR VERLAG

Inhalt

Texte von PIETRO FONTANA

Fotografien von FABIO PETRONI

Einleitung

Wenn wir uns mit dem Wesen des Bieres befassen, eröffnet sich uns ein ganzes Universum, dessen Wurzeln weit in die Antike zurückreichen. Ein Universum, das seit seiner Entstehung langsam, aber stetig bis zum heutigen Tag expandiert.

Man kann nicht über Bier sprechen, ohne dessen Geschichte zu ergründen. Ebenso wenig kann man die zeitgenössische, lebendige Braukunst vernachlässigen, die schon erahnen lässt, wohin die Reise geht. Es vergeht kein Tag ohne ein neues Brauhaus, eine neue Marke, ein neues Bier. Klassische Biere erhalten ein neues Gewand, regionale, vergessen geglaubte Brautraditionen werden wiederbelebt, neue Sorten entwickelt, bis hin zu zahlreichen Biermixgetränken, die mit ungewöhnlichen Zutaten und innovativer Technik hergestellt werden. Auch Länder ohne große Biertradition wagen sich erfolgreich an die Kunst des Bierbrauens und bereichern dieses wandelbare Universum.

Die Landschaft der Braukunst bestand bis zum Ende des 17. Jahrhunderts aus einem dichten, weitverbreiteten Netz kleiner lokaler Brauereien. Danach verschwanden diese unabhängigen Kleinproduzenten immer mehr zugunsten einiger großer Gruppen, auf die sich die Produktion zuerst national, dann international konzentrierte. Mitte des 20. Jahrhunderts entstanden jedoch wieder mehr Kleinstbrauereien, ein Trend, der bis heute anhält. Diese kleinen Produzenten haben sich auf Zehenspitzen an die multinationalen Großkonzerne herangeschlichen, und mit steigendem Ausstoß wurden sie schnell Teil großer Gruppen. Zwei Welten, die sich überlappen, die koexistieren oder miteinander

konkurrieren – in jedem Fall tragen sie dazu bei, das Angebot für die wachsende Gemeinde der Bierliebhaber zu vergrößern. In diesem Buch werden nicht nur „große Klassiker“ vorgestellt, sondern auch weniger bekannte und schwer erhältliche Biere. Bier steht auch für Emotion, Passion, Geschichte, Forschung, Technologie, Experimentierfreude und Provokation! Es gibt unendlich viele Sorten und Marken – bei der Vorstellung der einzelnen Biere orientieren wir uns nicht nach besonderen Qualitätsstandards, vielmehr möchten wir dem Leser eine möglichst variantenreiche und aktuelle Auswahl bieten.
Die „Gruppierungen“ der verschiedenen Biere sollen denselben Zweck erfüllen, deshalb kann es in einer Gruppierung auch verschiedene Stilrichtungen geben, um nicht zu technisch oder eintönig zu werden. So gibt es beispielsweise in der Gruppe „Andere Cerealien“ einen Weizen-Doppelbock, ein Grodziskie und ein Wit/Blanche, also sehr unterschiedliche Biertypen.
In diesem Buch stellen wir Ihnen des Weiteren Getränke „an den Grenzen des Bieres“ vor, über die so mancher Purist den Kopf schütteln mag oder die er gar als Provokation verstehen wird. Wir möchten damit lediglich auch der lebendigen Avantgarde, sozusagen den „Punks“ unter den Bieren, Raum geben, die als das verstanden werden wollen, was sie sind: Biergetränke, die überraschen und Erstaunen hervorrufen, die aber vor allem das Spektrum des „Bieruniversums“ erweitern, es zuweilen auch ein wenig aufpolieren, ohne dem Traditionsreichtum Abbruch tun zu wollen.

Ein wenig Geschichte

Die Anfänge

Die vermutlich zufällige Entdeckung der alkoholischen Gärung von Getreide kann aufgrund verschiedener Funde auf die Zeit um 8000 v. Chr. datiert werden, wie auch Inschriften aus dem antiken Mesopotamien bestätigen, die der Göttin Ninkasi, der Göttin des Alkohols und des Bieres der Sumerer, gewidmet waren. Die älteste Anleitung zum Bierbrauen war eine Hymne an die Göttin.

Dieses Getränk wurde vornehmlich von Frauen hergestellt und wurde durch lange Strohhalme aus einem großen Bottich getrunken. Mit der Eroberung der Sumerer durch die Babylonier wurde auch die Braukunst übernommen. Wie aus dem Codex Hammurabi zu entnehmen ist, kannten die Babylonier bereits zwanzig Biersorten.

Im alten Ägypten galten Bier und Brot sogar als Zahlungsmittel; Bier wurde für bekömmlicher als Wasser erachtet und sowohl von den Pharaonen als auch von niedrigeren Ständen getrunken. Auch dort wurde das Bier zumeist von Frauen hergestellt und durch lange Strohhalme getrunken. Die Begegnung der Römer (und vorher der Griechen) mit dem Bier war wenig revolutionär: Das bevorzugte Getränk der oberen Schichten des Römischen Reiches war der Wein, gefeiert von Sängern und Dichtern, Bier dagegen war das Getränk der Provinzen.

Die Unterscheidung zwischen Wein, dem Getränk der Literaten und Aristokraten, und Bier, Getränk ungebildeter Nomaden und unterer Schichten, blieb weitgehend erhalten. Erst mit dem Fall des Römischen Reiches wurde Bier immer beliebter, ebenso die für germanische Nomadenstämme typische Verwendung des

Eine Miniatur aus dem medizinischen Traktat von Hildebrand von Florenz (1356) zeigt die Zubereitung eines Vorläufers des Bieres.

Gruts, einer Kräutermischung zum Aromatisieren des Bieres (je nach verwendeten Pflanzen auch mit halluzinogener Wirkung). Im Mittelalter erfuhr es weitere Verbreitung, auch durch Klöster und Abteien, die als neue Kultur- und Wirtschaftszentren begannen, Bier zu brauen: Es entstanden richtige Klosterbrauereien.

Ein moderner Gärtank mit Kühlfunktion zur Bierherstellung aus der zweiten Hälfte des 19. Jahrhunderts.

Das Reinheitsgebot

Damit sich ein Getränk Bier nennen darf, muss die Zutatenliste Wasser, Gerstenmalz (in veränderlichen Anteilen, je nach den jeweiligen Landesgesetzen), Hopfen und Hefe enthalten. Die Verwendung anderer Getreidesorten, ausschließlich oder als Beigabe, war jedoch je nach Verfügbarkeit der Grundzutaten gang und gäbe. Erst mit dem Reinheitsgebot von 1516 wurde – zumindest in Bayern – nur Gerstenmalz zugelassen. In anderen Teilen Deutschlands wurde die Verwendung weiterer Cerealien (beispielsweise Weizen für das begehrte Weißbier) bis Anfang des 20. Jahrhundert akzeptiert, als das Bayerische Reinheitsgebot aus politischen Gründen (Eintritt Bayerns in die Weimarer Republik und Gründung der Bundesrepublik Deutschland nach dem Zweiten Weltkrieg) auf das gesamte deutsche Staatsgebiet ausgeweitet wurde. Ende des 20. Jahrhunderts wurde das deutsche Reinheitsgebot aufgrund einer Klage der EWG-Kommission gelockert. Das Reinheitsgebot, das hauptsächlich aus wirtschaftlichen und steuerrechtlichen Gründen entstand, wurde, nach wechselvollen politischen Geschicken, schließlich zur Referenz für den Standard deutschen Bieres und zu einem außergewöhnlichen Beispiel für die Kontinuität in der Kontrolle eines Volksgetränks, zu dem Bier geworden war.

Von der wissenschaftlichen zur industriellen Revolution

Was ist eigentlich mit der Hefe? Im ersten dokumentierten Reinheitsgebot ist von Hefe nicht die Rede, weil man sie noch nicht kannte. Ende des 17. Jahrhunderts war Antoni van Leeuwenhoek, Pionier in der Mikroskopie, der Erste, der die Rolle der Hefe in der Gärung des Bieres beobachtete und beschrieb. Aber erst im 19. Jahrhundert verstand man die organische Natur der Hefe. Es war der berühmte französische Wissenschaftler Louis Pasteur (1822–1895), der die Wichtigkeit der verschiedenen Mikroorganismen für die Gärung, also auch zur Herstellung des

Bieres, erklärte. Die Beobachtungen Pasteurs bezüglich der Rolle der Mikroorganismen in der Gärung und der Probleme, die sie mit sich bringen können – die er in seinen *Études sur la Bière* beschrieb –, und seine Vorschläge zu deren Vorbeugung sind auch heute noch maßgeblich. Die Pasteurisierung zur Eliminierung unerwünschter Mikroorganismen am Ende der Gärung ist seiner Arbeit geschuldet. Aber nicht nur Pasteur trug dazu bei, dass das fertige Produkt sicherer wurde und dass gleichbleibende Qualitätsstandards erzielt wurden. Innovative Gärverfahren, die die industrielle Revolution mit sich brachte, taten ihr Übriges. Emil Hansen, einem Angestellten der Carlsberg-Laboratorien, gelang es 1883 als Erstem, einzelne Hefezellen zu isolieren und daraus Kulturen, klassifiziert als Unterhefe Nr. 1, zur Herstellung von untergärigem Bier zu züchten. Neben der Züchtung von Hefe profitierte die Bierproduktion auch von weiteren fundamentalen Innovationen, wie dem Thermometer von Fahrenheit und dem Densimeter von Martin (1770) zur Messung der Dichte der Maische vor und nach der Gärung. Watts bahnbrechende Dampfmaschine (1765) kam auch dem Herstellungsprozess in den Brauereien zugute. Zu Beginn des 19. Jahrhunderts sorgten Wheeler mit seiner patentierten Malzrösttrommel und danach Lind mit der Erfindung des Kühlschranks für höhere Produktionsmengen, sowohl durch die Bereitstellung größerer Mengen fertigen Ausgangsmaterials als auch durch bessere Temperaturregelung während des Gärprozesses. Ende des 19. Jahrhunderts garantierte die Verwendung von Glasflaschen dann auch gleichbleibende Qualität.

Das 20. Jahrhundert

Nach den beiden Weltkriegen, Hungersnöten und Finanzkrisen sorgten die Jahre des Wirtschaftswunders für zunehmende Industrialisierung und Globalisierung. Das bedeutete auch, dass große Bierhersteller die wichtigsten Marken nach und nach aufkauften. Die kleinen lokalen Brauereien waren nicht mehr konkurrenzfähig und verschwanden in allen Ländern fast völlig. Bier wurde immer mehr zur Massenware, zum hochindustrialisierten, standardisierten Durstlöscher. In England wurde 1971 der Interessenverband CAMRA (CAMpaign for Real Ale) gegründet, der sich für traditionell gebraute Biere und die Pubkultur einsetzt. Der Begriff „Real Ale“ steht hier nicht für bestimmte Biersorten, sondern für Biere, die traditionell nicht mit Kohlensäure versetzt und nicht pasteurisiert sind, sozusagen mit „lebenden“ Hefekulturen, und frisch im örtlichen Pup gezapft werden. Die wahre „Revolution“ kam jedoch aus den USA, als in den 1970er-Jahren das *Homebrewing*, die eigene Bierherstellung zu Hause, als legales Hobby überaus populär wurde. Die Leidenschaft, historische und fast vergessene Bierarten wiederzuentdecken, trieb viele Hobbybrauer dazu, nach Belgien, Deutschland oder England zu reisen, um die Herstellung bei den Berühmtesten zu erlernen. Zurück in den Staaten sorgten sie für den nötigen Input, um die vergessenen Biersorten neu zu erfinden. Dank Persönlichkeiten wie Charlie Papazian, dem „Vater des Homebrewing“ und Gründer der American Hombrewers Association, begann die Wiedergeburt des Bieres.

Geografie

Spanien spielte im Römischen Reich eine große Rolle in der Bierherstellung, ebenso wie Frankreich (dessen spätere Rivalität mit Deutschland, auch bezüglich des Bieres, einer der Gründe für Pasteurs Veröffentlichung *Études sur la Bière* war) und Italien, wenn auch nur als Durchgangsstation und Machtzentrum. All diese und weitere, hier nicht genannten Regionen würden eine tiefere Beleuchtung verdienen, um diese Pfade und die eingestürzten, oft vergessenen Brücken wiederherzustellen. Generell kann man aber mindestens vier große Territorien ausmachen, die hier der Einfachheit halber aus folgenden Ländern bestehen: Deutschland, Belgien, Großbritannien und Irland sowie die Vereinigten Staaten. Auch wenn das Gesamtgebiet wesentlich größer ist, waren es hauptsächlich diese vier Territorien und ihre Biertraditionen, die unser Bild und den heutigen Stil des Bieres prägten.

Deutschland

Die deutsche Brautradition ist sehr alt und geht auf die Nomadenvölker zurück, die diese Gebiete vor Jahrtausenden bewohnten, ohne schriftliche Zeugnisse zu hinterlassen.
Da ist zunächst Bayern mit seinem Hellen – einem untergärigen Bier und Meisterstück der Einfachheit. Weiter geht es über das Märzen bis hin zum Weißbier (Weizenbier), einem obergärigen Bier, geprägt vom Weizen und den Phenolnoten der Hefe. In Bayern gibt es noch einen weiteren untergärigen Biertyp, das Kellerbier, ein unfiltriertes, trübes Bier, das üblicherweise lokal produziert wird und im Keller reift.
Köln dagegen ist typisch für sein goldfarbenes, obergäriges Bier: das Kölsch. Dieser Biertyp ist durch eine geografische Herkunftsbezeichnung der Europäischen Union geschützt und Teil der Identität Kölns.

Auch Düsseldorf hat sein eigenes Bier: das Altbier, kurz „Alt", ein obergäriges, durch die Verwendung von Röstmalz dunkleres Bier.
Deutschland ist auch für Biere berühmt, die in Geschmack, Zutaten und Herstellungsweise sehr außergewöhnlich sind. In Bamberg gibt es das Rauchbier, ein untergäriges Bier, charakterisiert durch die Verwendung von über Buchenholz geräuchertem Rauchmalz, das zwei Brauereien der Stadt (Schlenkerla und Spezial) seit Jahrhunderten herstellen. Ein weiteres Bier mit besonderen Zutaten ist die Gose; in diesem Fall ist es nicht die besondere Behandlung des Gerstenmalzes, die das Bier charakterisiert, sondern das Wasser. Die Gose ist typisch für Leipzig, obwohl sie ihre mittelalterlichen Wurzeln in Goslar hat. Das Bier wird unter Verwendung von Weizen, salzigem Brauwasser, Koriander und Milchsäurebakterien hergestellt. Dieser salzige, leicht saure Bierstil wurde wiederentdeckt, nachdem er im 20. Jahrhundert zeitweise in Vergessenheit geraten war.
Aus der Hauptstadt kommt dagegen, wie der Name vermuten lässt, die Berliner Weiße, die mit Himbeer- oder Waldmeistersirup serviert wird, um die Säure auszugleichen. Das frische Bier mit geringem Alkoholgehalt – und veränderlichem Weizenanteil – war im Berlin des gesamten 19. Jahrhunderts groß in Mode. Im 20. Jahrhundert verschwand es fast vollständig, nachdem die kommerzielleren Stile den Markt erobert hatten. Wie bei der Gose ist es auch hier die Neugier der jungen Bierbrauer, die diesen Stil überall auf der Welt wiederbelebt.

Belgien

Die Leidensgeschichte einer kleinen Nation wie dem heutigen Belgien – Revolution, Sezession und Annexion, kulturelle, politische, sprachliche und religiöse Spannungen – ist vielleicht

einer der Gründe für die vielen verschiedenen Bierstile auf relativ kleinem Territorium.
Wenn man von Belgien spricht, denkt man sofort an die Trappistenbiere, an das berühmte Sechseck, das keinen Stil definiert, sondern eine kontrollierte Herstellungsweise in einem der sechs Trappistenklöster, die es in Belgien gibt. In Belgien werden aber auch Sauerbiere wie Red Flemish Ale, unter Spontangärung hergestellte Lambics, Biere mit erhöhtem Alkoholgehalt wie Tripel und Quadrupel, süffige Biere wie das Wit/Blanche, im Allgemeinen gewürzte Biere mit einer ausgewogenen Bittere (gehopfte Biere sind wieder groß in Mode) sowie die industriellen Exportbiere gebraut, die weltweit getrunken werden. Aber warum gibt es in diesem begrenzten Territorium so viele unterschiedliche Bierstile? Das Können und der Eigensinn der Bierbrauer sind wohl ursächlich dafür, ebenso wie die Renaissance vieler dieser historischen Stile der ungebrochenen Neugier der jungen amerikanischen Brauer zu verdanken ist, die sich in den 1980er- und 1990er-Jahren peu à peu von den britischen Einflüssen freimachten und sich für die Stile das alten Kontinents, besonders die belgischen, zu interessieren begannen.
Dank dieser neuen Generation von Bierbrauern floriert die belgische Bierproduktion wieder und inspiriert weltweit viele Brauereien dazu, die belgischen Stile neu zu interpretieren.

Vereinigtes Königreich und Irland

Ebenso wie Deutschland und Belgien verfügen auch die Britischen Inseln über eine lange und große Brautradition. Als die Römer in dieses Gebiet vorrückten, wurde zwar schon Bier getrunken, aber es war nicht sehr verbreitet. Erst die Angelsachsen brachten ca. im 4. Jahrhundert n. Chr. neue Produktionstechniken mit sich. Die heimische Bierproduktion fiel den Frauen zu, die sich um die Verpflegung der Familie zu kümmern hatten. Manche waren dabei talentierter als andere und betrieben ein sogenanntes Ale House, den Vorläufer des heutigen Pubs. Um dem Alkoholismus vorzubeugen, wurden Steuern und

Gesetze zur Bierherstellung und Öffnungszeiten eingeführt, die schließlich zur Lizenzvergabe und Entstehung verschiedener Kategorien von Ausschankstätten führten: das Ale House (in dem es nur Bier gab), die Taverne (die auch Speisen, Wein und Schnaps ausgeben durfte) und das Inn, wo man auch übernachten konnte. In einem offiziellen Dokument Heinrichs III. von England aus dem 13. Jahrhundert war es unter Androhung körperlicher Strafe verboten, diese Gesetze zu missachten. In diesem Dokument ist bezüglich der Bierherstellung von Brewster (Brauerin) die Rede, ein Indiz dafür, dass das Bierbrauen immer noch Frauensache war.

Bier gewann immer mehr an Bedeutung und Ale Houses waren bis Ende des 17. Jahrhunderts gang und gäbe. Nach der industriellen Revolution im 18. Jahrhundert wurden sie nach und nach durch das Symbol der aufstrebenden viktorianischen Gesellschaft ersetzt: das britische Public House, kurz Pub. Nun lohnte es sich nicht mehr, vor Ort zu brauen, zudem war es auch rentabler, das Bier von größeren Produzenten zu beziehen. Das Bier dieser Zeit war das Porter; anfangs ein Verschnitt als alten und neuen Produktionen, das zu Ehren der Londoner Lastenträger (Porter), bei denen es sehr beliebt war, so genannt wurde.

Während in Irland Arthur Guinness sein Rezept erfand, das später von seinem Sohn perfektioniert wurde – eine intensive Version des Porters, das Extra Stout Porter –, wurde das britische Porter immer unpopulärer und verschwand fast völlig. Ab der zweiten Hälfte des 19. Jahrhunderts setzten sich das Pale Ale und das neue Indian Pale Ale (IPA) gegen das traditionelle Porter durch.

Die Faszination für die Lagerbiere, die vom Zweiten Weltkrieg an fast jeden auf dem Kontinent erfasst hatte, griff in diesen Breiten kaum um sich. Bis zu den 1970er-Jahren verhinderten die wirtschaftliche und strukturelle Situation sowie der Nationalstolz der Briten, dass die blonden, untergärigen Biere Fuß fassten. Erst ab den 1970er-Jahren war das Lager für die dreißig darauffolgenden Jahre in den Pubs das Bier der Wahl. Einige

der typisch englischen Biere wurden nach und nach zurückgedrängt, bis sie durch die Kampagnen der CAMRA und die amerikanischen Hobbybrauer der Craftbier-Welle gerettet wurden, die diese Stile für sich entdeckten.
Heute ist der Markt der englischen Biere eine stabile Größe, viele dieser klassischen englischen Sorten werden mittlerweile mit modernster Technologie hergestellt und sind auf der ganzen Welt sehr beliebt.

Vereinigte Staaten

Auch eine „junge" Nation wie die Vereinigten Staaten spielt in der Geschichte des Bieres eine maßgebliche Rolle, besonders in neuerer Zeit. Nachdem sich die ersten europäischen Auswanderer Anfang des 18. Jahrhunderts in der Neuen Welt niedergelassen hatten, entstanden entlang der Ostküste (zwischen New York City, Philadelphia und Baltimore) Brauereien, die hauptsächlich von Holländern (als New York noch Nieuw-Amsterdam hieß) und englischstämmigen Amerikanern betrieben wurden. Aber erst nach dem amerikanischen Unabhängigkeitskrieg kam die Bierproduktion richtig in Gang. Besonders im Osten der USA wuchs die Produktion von Porter, Pale Ale und IPA enorm. Mitte des 19. Jahrhunderts änderte sich das Szenario mit steigender Zuwanderung von Deutschen jedoch radikal.
Die Lagerbiere gewannen die Oberhand. In ganz Nordamerika hatte fast jede Stadt eine eigene Brauerei, und untergäriges Bier – das durch die Verwendung von Reis und Mais leichter gebraut wurde – war fast ein Jahrhundert lang die Regel. Die Bierproduktion wuchs in den großen Metropolen immer weiter, aber die wahre Revolution kam aus dem Mittleren Westen mit innovativen Brauereien, die den Herstellungsprozess standardisierten und rationalisierten, und den Schlachtrössern Miller Brewing Co. aus Milwaukee und Anheuser-Busch aus St. Louis. Das 20. Jahrhundert und damit auch die Prohibition standen jedoch schon vor der Tür; infolge derer waren viele Brauereien gezwungen, ihre Pforten zu schließen, nicht nur wegen der Prohibition,

sondern auch aufgrund des Ersten Weltkriegs und der Weltwirtschaftskrise. Vor der Prohibition gab es in den Vereinigten Staaten 1200 Brauereien, 1935 kaum mehr als 700. Mit dem Wirtschaftsboom nach dem Zweiten Weltkrieg stieg der Bierkonsum zwar wieder an, aber unabhängige Brauereien hatten es schwer. Die restriktive Gesetzgebung und das Monopol der wenigen großen Marken verhinderten das Entstehen neuer Brauereien. 1978 gab es in ganz Nordamerika nur 89 Brauereien, die zumeist von den großen Gruppen kontrolliert wurden.

In diesem Klima begann in den 1970er-Jahren das, was viele als amerikanische „Beer Renaissance" bezeichnen. 1965 wurde die Anchor Brewing Company von Fritz Maytag gekauft, der sich dazu entschloss, gegen den Strom zu schwimmen und klassische Biere, wie das Steam Beer, zu brauen. 1976 gründete Jack McAuliffe die New Albion Brewery in Sonoma, Kalifornien, und damit war die Wiedergeburt des Bieres besiegelt. Die New Albion Brewery war zwar nur ein kurzes Experiment von sechs Jahren, aber sie diente als Inspiration für viele amerikanische Homebrewer, die von da an begannen, Craftbiere zu vertreiben.

Die Welle, die sie lostraten, belegen die Zahlen: 1978 gab es auf amerikanischem Boden 89 Brauereien, 2011 waren es bereits mehr als 2000, und 2018 wurde der Rekord mit 7450 Brauereien erreicht, fast die doppelte Anzahl der historischen Hochphase 1873, als es 4173 Produzenten gab.

Herstellung

Bier ist ein alkoholisches Getränk, je nach Brauweise mit mehr oder weniger Alkoholgehalt, obwohl es heute sogar alkoholfreies Bier gibt. Zur Herstellung wird Getreide verwendet, vornehmlich Gerste, aber auch Weizen, Hafer, Roggen und Hirse. Man kann sogar Kartoffeln verwenden, weil sie sehr stärkehaltig sind.
Für die Aromatisierung wird heute mehr denn je Hopfen verwendet, aber auch andere Zutaten sind möglich, die oft sehr variationsreich eingesetzt werden. Zur Bierherstellung wird natürlich auch Wasser benötigt. Bier entsteht, kurz gesagt, durch alkoholische Gärung. Damit aus Getreide, Wasser, Hopfen und Hefe ein alkoholisches Getränk wird, sind mehrere Herstellungsprozesse erforderlich: das Mälzen, Darren und Maischen, das Kochen der Würze und schließlich die Gärung und Reifung.

Die Grundzutaten des Bieres

Wasser

Wasser ist eine unentbehrliche Zutat des Bieres. Ohne Wasser kann man kein Bier brauen. Allerdings gibt es kein perfektes Wasser, das für jedes Bier verwendet werden kann; im Gegenteil: Jedes Bier benötigt einen speziellen Wassertyp mit bestimmten chemischen Eigenschaften.

Hefe

Das Sprichwort „Der Brauer macht die Maische, aber die Hefe macht das Bier" lässt erahnen, wie wichtig die Hefe für die alkoholische Gärung ist. Hefen sind mikroskopisch kleine Einzeller, die die Maische in Bier umwandeln.
Die wissenschaftliche Bezeichnung Saccharomyces sagt uns, dass die Hefe ein Pilz (-myces) ist, der Zucker liebt (saccharo-).

Die Hefezellen sind tatsächlich in der Lage, Zucker zu „essen“ und daraus Ethylalkohol und Kohlendioxid (Kohlensäure) „zu machen“. Dieser hier sehr vereinfacht dargestellte Prozess heißt „alkoholische Gärung“. Wir haben hier keinen Prozess vor uns, bei dem Alkohol „verbraucht“ (wie bei der Herstellung von Schnaps und Likör) oder Kohlensäure zugesetzt wird (wie in der Produktion von Sprudel oder Limonade). Wir sprechen hier von einem natürlichen Vorgang, bei dem durch enzymatische Spaltung von Zucker beides entsteht.

Die Hefe produziert bei der enzymatischen Spaltung auch diverse Nebenprodukte, die den Geruch und den Geschmack des Bieres, je nach Hefekultur, sehr stark prägen.

Beim Bierbrauen werden zwei große „Hefefamilien“ mit unterschiedlichen Eigenschaften eingesetzt:

- *Saccharomyces cerevisiae* (Bierhefe) ist eine „obergärige“ Hefe, die bei relativ hoher Temperatur (zwischen ca. 15 °C und 25 °C) und im oberen Bereich des Gärtanks arbeitet, deshalb ist eine Gärung auch ohne Kühlung möglich. Biere, die mit dieser Hefefamilie hergestellt werden, sind „obergärig“ und werden unter dem englischen Oberbegriff „Ale“ zusammengefasst.
- *Saccharomyces pastorianus* (zu Ehren Pasteurs; die ältere Bezeichnung ist „carlsbergensis“ nach der Brauerei Carlsberg) ist eine „untergärige“ Hefe, die bei niedriger Temperatur (unter 12 °C) und im unteren Bereich des Gärtanks arbeitet. Deshalb ist eine Gärung ohne Kühlung nicht möglich. Biere, die mit dieser Hefefamilie hergestellt werden, sind „untergärig“ und werden unter dem Oberbegriff „Lager“ zusammengefasst.

Malz aus Gerste und anderen Cerealien

Malz ist ein Hauptbestandteil in der Bierherstellung und nach Wasser mengenmäßig am relevantesten. Den Prozess, der aus

Gerste (und jedem anderen Getreide) Malz macht, nennt man „Mälzen“. Das Mälzen bildet die Grundlage für Farbe, Geruch und Geschmack des Bieres und ermöglicht die Realisierung unendlich vieler Biertypen.
Aus dem stärkehaltigen Getreidemalz stammt auch der Zucker der Maische und folglich bestimmt es Alkoholgehalt und Körper des Bieres.
Beim Mälzen wird das Korn in Wasser eingeweicht, um die Keimung einzuleiten. Durch das Einweichen werden Enzyme frei, die die Energie des Korns (sprich die Stärke) aktivieren, damit es Wurzel- und Blattsprosse ausbildet. Genau diese wertvollen Enzyme benötigt der Brauer für die Herstellung der Maische, genauer gesagt, um Stärke in vergärbaren Zucker zu spalten. Dann kommt das ausgekeimte Getreide in die „Darre“, wie der Trocknungsvorgang im Fachjargon genannt wird, um das Wachstum des Sprosses und der Wurzeln zu unterbrechen. Die Höhe der Darrtemperatur und Dauer des Darrens entscheiden über Farbe und Geschmack des Malzes.

Hopfen

Durch die Zugabe von Hopfen erhält das Bier einen bitteren Geschmack und die typischen Aromen, die je nach Sorte und

Anbaugebiet variieren. Hopfen hat auch antiseptische und antioxidante Eigenschaften und dient deshalb als natürliches Konservierungsmittel.

Der Hopfen ist eine Kletterpflanze, die in gemäßigten Klimazonen zwischen dem 35. und 55. Breitengrad in beiden Hemisphären natürlich vorkommt. Für die Bierherstellung werden ausschließlich die Dolden der weiblichen Pflanze verwendet, sie sind reich an „Lupolin“, das aus Harz und ätherischen Ölen besteht. Mittlerweile gibt es viele Hopfensorten, deren spezifische Merkmale ausschlaggebend für das Profil eines Bieres sind. Es gibt verschiedene Aromahopfensorten (krautig, würzig, blumig, harzig, fruchtig und balsamisch) und den sogenannten Bitterhopfen, der besonders herb ist. In Europa gibt es eine Gruppe klassischer Hopfensorten, den sogenannten „Edelhopfen“, der ein sehr elegantes Aroma hat (Saaz, Hallertauer, Tettnanger, Spalt), aber auch neue Züchtungen, die mit ihren interessanten und spannenden Aromen bereits zur Veredelung verschiedener Bierstile eingesetzt werden und ihnen einen unverwechselbaren Charakter verleihen.

Weitere Zutaten

In der variantenreichen Bierlandschaft, ob historisch oder modern, sind viele weitere Zutaten wie Honig, Ingwer, Kaffee, Früchte (Kirsche, Himbeere, Feige, Kastanie), Gewürze (Pfeffer, Koriander, Zimt, Vanille) oder Wurzeln (Süßholz, Enzian) durchaus üblich. Die Verwendung mancher dieser Zutaten hat eine lange Tradition, andere werden jedoch aus reiner Experimentierfreude verwendet.

Der Herstellungsprozess

Im Verlauf der Bierproduktion werden zwei Hauptziele verfolgt: Das erste ist, aus Getreide eine Maische herzustellen, und das zweite ist die Gärung, bei der mittels Hefe aus dem Zucker der Maische Alkohol und Kohlendioxid entstehen. Dieser Zucker, vornehmlich Maltose, entsteht durch die Aufspaltung der Getreidestärke in der Maische – die sogenannte „Verzuckerung". Hierbei wird Malzschrot mit warmem Wasser vermischt, das sogenannte „Einmaischen", wobei auf das richtige Verhältnis zwischen Malz und Wasser zu achten ist. Die Mischung muss dann unter ständigem Rühren auf die richtige Temperatur gebracht werden.

Der Maischprozess dauert zwei bis vier Stunden. Der Unterschied der verschiedenen Biersorten entsteht bereits in dieser Phase. Der Brauer bestimmt, welche Malzsorten in welchem Verhältnis und bei welcher Temperatur gemaischt werden, um die ideale Verzuckerung für das Bier, das er erhalten möchte, zu erreichen. Das Malz bestimmt die Basis für Farbe, Geschmack und Geruch des späteren Bieres, die Maischtemperatur hingegen die Art der Verzuckerung (Maltose oder Dextrine) und somit seinen Körper und Alkoholgehalt.

Sudpfannen im Sudhaus einer Brauerei.

Dann folgt das Abfiltern der Bierwürze aus der Maische, das sogenannte „Läutern", bei dem die Feststoffe (hauptsächlich Getreidespelzen) von der Flüssigkeit (Bierwürze) getrennt werden. Die Bierwürze wird in der Sudpfanne mit der entsprechenden Menge Hopfen ein bis zwei Stunden lang gekocht; dabei wird der Sud entkeimt, nach Wunsch konzentriert und natürlich geklärt. Anschließend folgt das „Ausschlagen"; dabei werden die restlichen Hopfenbestandteile und das ausgefallene Eiweiß im „Whirlpool" entfernt; durch die Rotation sammelt sich dieser sogenannte „Trub" in der Mitte des Gefäßes und kann entfernt werden. Dann wird die Bierwürze auf Gärtemperatur heruntergekühlt, mit Sauerstoff begast und in den Gärtank geleitet; dort erfolgt die Zugabe der Hefe (Anstellen), die die Würze zu Bier vergärt. Nach fünf- bis zehntägiger Gärung folgt die Reifung im Lagertank, wo der restliche Zucker weiter vergoren wird und die je nach Biersorte mehrere Wochen dauern kann. Schließlich erfolgt die Abfüllung des Bieres in Flaschen, Dosen, Mehrwegfässer aus Edelstahl oder Einwegfässer aus Plastik. Hier wird die große Entscheidung getroffen: Entweder wird das Bier vor dem Abfüllen pasteurisiert und mikrofiltriert – oder eben nicht.

Fertig gefüllte Flaschen in der automatischen Abfüllanlage.

Klosterbrauerei Mallersdorf
Zoigl
0,5l
Vollbier mit Hefe
ORVAL
0,33L
BIERE TRAPPISTE
TRAPPISTENBIER
CERVEZA TRAPENSE
TRAPPIST ALE
TRAPPISTØL
The Lost Abbey
DUPONT

Die Welt der Biere

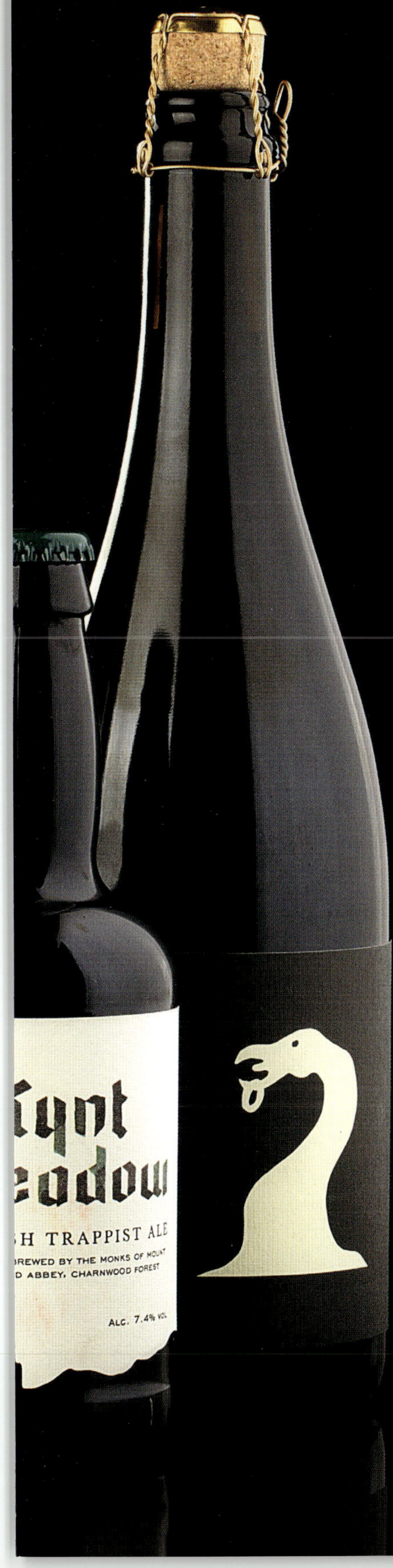

Weltweit gibt es unzählige Biersorten und -stile, was sich aus der jahrtausendealten Geschichte der Braukunst erklärt, den verschiedenen Basiszutaten, den unterschiedlichen Anforderungen je nach Verbreitungsgebiet, die zur Ausprägung verschiedener „Schulen" der Braukunst geführt haben, und nicht zuletzt an den jeweiligen gesetzlichen Bestimmungen.
Es gibt kein allgemeingültiges, anerkanntes offizielles Verzeichnis für alle Biersorten und -stile. Üblicherweise werden sie in Gruppen und Untergruppen eingeteilt. Dabei spielen bestimmte gemeinsame Charakteristika wie Farbe, Alkoholgehalt, Zutaten, Produktionstechniken, geschichtliche Ursprünge und Herkunft eine Rolle. Diese Elemente allein, obwohl sie grundlegend sind, reichen jedoch nicht aus, um eine Myriade von Biersorten und -marken zu katalogisieren, die sich oft nur in Kleinigkeiten unterscheiden, die wiederum das organoleptische Profil verändern. Dieses wird bestimmt durch Merkmale wie Aussehen, Aroma und Geschmacksentwicklung im Gaumen, die bei jeder Einteilung berücksichtigt werden müssen.
Der vollständigste Versuch, Bier nach organoleptischem Profil, Bierart, -sorte und -stil zu katalogisieren, ist vermutlich das BJCP (Beer Judge Certificate Program). Das BJCP ist eine Non-Profit-Organisation, die 1985 in den USA mit dem Ziel gegründet wurde, über Bierkultur zu informieren und eine gemeinsame Grundlage dafür zu schaffen, die verschiedenen Bierstile in Wettbewerben zu bewerten. Die Beschreibung der in diesem Buch vorgestellten Biere bezieht sich genau auf diese „Richtlinien".

Dabei muss man sich allerdings bewusst machen, dass Bier nicht so stark reglementiert ist wie beispielsweise Wein, was zuweilen zur Verwirrung beiträgt.
Spricht man von einem „Brunello di Montalcino", weiß man genau, was sich im Glas befindet: ein Wein von einer bestimmten Farbe, mit einem bestimmten Alkoholgehalt und einem bestimmten organoleptischen Profil, dessen Produktion genauen gesetzlichen Vorgaben folgt, die nur eine bestimmte Traubensorte aus einem bestimmten Anbaugebiet und die Reifung in Holzfässern über eine festgelegte Zeit zulassen.
Spricht man aber von einem „Pils", einer Biersorte, deren Name auf die tschechische Stadt Pilsen zurückgeht, weil es dort zum ersten Mal gebraut wurde, wissen wir dann genau, was sich im Glas befindet? Mitnichten! Weil der Name nicht geschützt ist, kann jede Brauerei ihr eigenes Pils herstellen, ohne irgendeine Verpflichtung, bestimmte Hefekulturen, Gerstenmalz aus Mähren und den exquisiten Saazer Hopfen aus Böhmen zu verwenden, und deshalb ist es nicht zwingend nach Pilsener Tradition untergärig, goldfarben, klar und mit erhöhtem Hopfengehalt, der sowohl das Aroma als auch den Geschmack charakterisiert.
Bierneulinge, die nach einer einfachen Methode suchen, ein Bier zu charakterisieren, seien deshalb gewarnt: Der Umgang mit dieser Materie erfordert eine gewisse Flexibilität!
Die nachfolgend vorgestellten vierzehn Biergruppen werden Ihnen die Sache ein wenig erleichtern, vor allem aber Ihren Wissensdurst mit vielen neuen Geschmacksrichtungen stillen können.

Klosterbrauerei Mallersdorf
Alk.
5% vol.
Zoigl
Vollbier mit Hefe

Kellerbier und Helles: die untergärigen Klassiker aus Bayern

Sie sind die Prototypen der hellen Biere, die am weitesten verbreiteten, meistkopierten – manchmal auch minderwertig und verfälscht – und meistgetrunkenen: Klassiker, die nie aus der Mode kommen. Helle Biere, niemals dunkler als heller Bernstein. Leichte Biere mit kaum mehr als fünf Prozent Alkoholgehalt, einfache, ländliche Biere, die die Grundzutaten der Gegend betonen: allem voran die honigähnliche Süße von hellem Malz, dann die leicht bitteren, erdigen Noten des Hopfens und schließlich ein Hauch von Hefe, oft gewollt im Bier belassen. Historische Biere, auch heute noch streng nach der jahrhundertealten Tradition dieser Gegend gebraut, ohne schmückendes Beiwerk oder Schnapsideen seitens der Braumeister. Biere, die von vielen kleinen lokalen Brauereien hergestellt werden, die sie gestern wie heute frisch aus den Kellern in den angeschlossenen Gaststätten ausschenken. Aber auch Biere, die von Großkonzernen gebraut und in Flaschen, Dosen oder Fässern in die ganze Welt exportiert werden. Abkömmlinge technischer Innovationen der ersten industriellen Revolution, die es erlaubte, sehr helles Gerstenmalz zu produzieren, aus dem diese Biere geboren wurden. Biere, die sich durch die Farbe des edelsten aller Metalle auszeichnen: Gold.

Mahrs
Bräu
aU
UNGESPUNDET
NATURTRÜB

„a U“ Ungespundet Naturtrüb

Stil: *KELLERBIER*

Alkoholgehalt: *5,2 % vol.*
Gärung: *untergärig*
Flasche: *0,5 Liter mit Kronkorken*

Hersteller: *Mahrs Bräu*
Herkunft: *Bamberg, Oberfranken (Deutschland)*

Der Mahrs Bräu ist ein jahrhundertealtes Brauhaus und seit 1895 im Besitz der Familie Michel, einer wahren Bierdynastie, Bierbrauer aus Leidenschaft und der Tradition verpflichtet. Ihr Qualitätsbier brauen sie mit Hingabe und modernster Technik und setzen dabei auf eine innovative Vermarktung. Der Begriff „ungespundet“, der diesem Bier den Namen gibt, bezeichnet eine Fassreifung mit offenem Spundloch, eine alte Methode der Reifung, bei der die Kohlensäure, die durch den Gärprozess entsteht, ungehindert entweichen kann. Ein Bier aus der großen Familie der unfiltrierten Kellerbiere, die in den kühlen Kellern der Wirte gelagert und im Biergarten darüber ausgeschenkt werden. Das „U“ gibt es im Biergarten vom Mahrs Bräu direkt aus dem ungespundeten Fass gezapft, das, wie für Biere dieses Braustils charakteristisch, für den geringen Kohlensäuregehalt sorgt.

Verkostung

Auge: *helle Bernsteinfarbe, naturtrüb mit hellbeiger Schaumkrone.*
Nase: *reiches Bouquet mit Nuancen von Honig und Gerstenmalz, durchdringende Hefenoten.*
Gaumen: *Eine angenehme Trockenheit bändigt den reichen Malzgehalt und akzentuiert das Bittere des Hopfens. Schließt mit einer milden Zitrusnote, die die Frische betont.*
Gesamteindruck: *ein schlichtes, aber kein banales Bier, das sich durch seine geringe Komplexität gut trinken lässt.*

Klosterbrauerei Mallersdorf
Zoigl
Vollbier mit Hefe
Klosterbräu
Mallersdorf
Kühl und dunkel lagern. Mindestens haltbar bis:

Zoigl

Stil: *KELLERBIER*

Alkoholgehalt: *5 % vol.*
Gärung: *untergärig*
Flasche: *0,5 Liter mit Bügelverschluss*

Hersteller: *Klosterbrauerei Mallersdorf*
Herkunft: *Mallersdorf-Pfaffenberg, Niederbayern (Deutschland)*

Hier wird der Zoigl der „Armen Franziskanerinnen von der Heiligen Familie" des Klosters Mallersdorf vorgestellt. Die Brauerei wird von der rotwangigen, gastfreundlichen Schwester Doris geleitet (der letzten „Brauschwester" Europas), und die etwas ältere Schwester Regelinde ist für den kaufmännischen Bereich verantwortlich. Das Bier mit dem Bügelverschluss und dem Antlitz von Schwester Doris auf dem Siegel sollte man probiert haben, und die nahe gelegene Klostergaststätte mit Biergarten und lokalen Spezialitäten ist allemal einen Besuch wert.
Der Zoigl ist ein helles Lagerbier, unfiltriert (also mit der Hefe) mit ausgeprägtem Malzaroma, das mit einer langen Geschichte aufwarten kann. Der Name „Zoigl" weist auf eine Brautradition aus der nördlichen Oberpfalz hin, bei der mehrere autorisierte Familien in Kommunbrauhäusern ihr Bier brauen. Das Bier reift in den Kellern der jeweiligen Familien, den „Zoiglwirten", die den Zoigl in ihren Gaststuben direkt aus dem Lagertank ausschenken. Um auf den Bierausschank hinzuweisen, wird am Haus ein sechszackiger Stern, der „Bierzeigl", im Oberpfälzer Dialekt „Zoigl", angebracht.

Verkostung
Auge: *kräftiges Goldgelb, feine Trübung, stabile weiße Schaumkrone.*
Nase: *Honig und Getreide mit Noten von frischem Brot.*
Gaumen: *dominante Süße des Gertenmalzes, runder Körper.*
Gesamteindruck: *einfach, ausgewogen, rustikal und sehr süffig.*

Ruppaner
Fischerin vom Bodensee
HELLES
AUS DER PRIVATBRAUEREI AM BODENSEE
SEIT 1795
Ruppaner
Fischerin vom Bodensee
DIE HELLE WELLE

Fischerin vom Bodensee

Stil: *HELLES*

Alkoholgehalt: *4,8 % vol.*
Gärung: *untergärig*
Flasche: *0,33 Liter mit Kronkorken*

Hersteller: *Ruppaner Privatbrauerei*
Herkunft: *Konstanz, Baden-Württemberg (Deutschland)*

Diese unabhängige Brauerei erhebt sich plakativ am Ufer des Bodensees im Süden Deutschlands an der Schweizer Grenze und in unmittelbarer Nähe zu einer der ältesten Klostersiedlungen, in denen Bier gebraut wurde, der Fürstabtei St. Gallen. Die Gründung der Brauerei geht auf das Jahr 1795 zurück; 1872 übernahm die Familie Ruppaner die Brauerei, die ein klassisches Beispiel deutscher Braukunst darstellt und überdies die Verwendung hochwertiger Zutaten aus der Region zum Prinzip erhoben hat. Die Wertschätzung traditioneller Braukunst findet ihren Ausdruck im Vermerk auf dem Etikett „Gebraut nach dem Reinheitsgebot von 1516", das von Wilhelm IV., Herzog von Bayern, erlassen wurde.
Fischerin vom Bodensee ist ein sehr ansprechendes Helles, gebraut für den täglichen Genuss, auch mehrmals am Tag, das beim Plausch mit Freunden oder auch allein beim Betrachten der idyllischen Landschaft des Bodensees unbeschwert getrunken werden kann.

Verkostung

Auge: *helles Goldgelb, klar, stabile weiße Schaumkrone.*
Nase: *feine Malznoten mit Nuancen von Akazienhonig.*
Gaumen: *schlanker, weicher Körper mit leichter Spritzigkeit und der dominanten Süße hellen Malzes, gefolgt von einer leicht bitteren Hopfennote.*
Gesamteindruck: *ein einfaches und leichtes Bier von bestechender Direktheit.*

Edelstoff
EXPORTBIER
GEBRAUT NACH DEM REINHEITSGEBOT
5,6 % vol
50 cl
13
J. W.

Weitere Lagerbiere

In dieser Gruppe werden drei untergärige Bierstile, die wenig gemeinsam haben, vorgestellt, um ein wenig mehr aus dieser großen Familie zu zeigen, zu der sehr unterschiedliche Biertypen gehören.

Der Mythos, dass alle untergärigen Biere hell sind, ist falsch: Bei Dunkel- und Schwarzbier, Bock und Doppelbock wird unter Verwendung von Karamellmalzen und dunklen Basismalzen eine Farbskala von kräftigem Bernstein und dunklem Braun bis hin zu undurchsichtigem Schwarz erzielt. Ein weiterer weitverbreiteter Irrtum ist, dass untergärige Biere immer leicht sind – mitnichten! Es gibt untergärige Biere mit zweistelligem Alkoholgehalt, egal ob hell oder dunkel. Als Beispiel stellen wir hier einen klassischen Doppelbock aus Weihenstephan vor, der ältesten deutschen Brauerei, die noch aktiv ist.

Wer glaubt, untergärige Biere seien nicht bitter, der irrt. Das Pilsener, Pilsner, Pilsen oder schlicht Pils wurde 1842 in der böhmischen Stadt Pilsen zum ersten Mal gebraut, als helle Biere gerade im Kommen waren. Das Pils ist das bitterste und am stärksten gehopfte untergärige Bier und stellt den Hopfen erstmals in der Geschichte des Bieres als Protagonisten in den Vordergrund.

Schließlich stellen wir noch ein Exportbier vor, das länger lagerfähig und etwas stärker ist.

PILS
PRIDE
COGLI L'ATTIMO, COGLI L'ESSENZA
INTEGRA CRUDA E VIVA: BIRRA COSÌ COM'È
BIRRIFICIO ITALIANO
33cl.
ALCOL 5,2% VOL.
TIPOPILS
l'autocoscienza
Birra chiara a 12°P e 5,2% vol. d'alcol

Tipopils

Stil: *KELLERPILS*

Alkoholgehalt: *5,2 % vol.*
Gärung: *untergärig*
Flasche: *0,33 Liter mit Kronkorken*

Hersteller: *Birrificio Italiano*
Herkunft: *Limido Comasco, Lombardei (Italien)*

Die Birrificio Italiano gehört zu den Pionieren der Craftbier-Revolution in Italien, und das Tipopils ist von Beginn im Jahr 1996 an ihr Aushängeschild. Der Gründer und Brauer Agostino Arioli verfolgte zwei Ziele: zum einen die Qualitiät über die Quantität zu stellen und zum anderen, eine erlesene Innovation in die Tradition der hellen Lagerbiere einzuführen: das Tipopils. Wie der Name suggeriert, handelt es sich nicht um ein Pils im eigentlichen Sinne, sondern um „eine Art Pils“: Im Gegensatz zu den böhmischen und deutschen Marken wird, weltweit erstmalig bei diesem Biertyp, auf eine Mikrofiltration verzichtet. Die gewagte Kalthopfung mit den besten Hopfensorten Europas macht es geschmackvoll und süffig. Wegen der Kalthopfung dachten die deutschen und tschechischen Experten anfänglich, das Bier sei unter Verwendung amerikanischen Aromahopfens gebraut worden. Neben wichtigen Auszeichnungen einschlägiger Wettbewerbe sprechen vor allem die positive Aufnahme durch das Publikum und die zahlreichen Kopien weiterer Produzenten, nicht nur italienischer, für den Erfolg des Tipopils. Es wird als neuer Prototyp einer neuen Unterkategorie des Pilsners gefeiert, nämlich als italienisches Pilsner.

Verkostung

Auge: *kräftiges Goldgelb, leicht trüb, üppige, weiße und stabile Schaumkrone.*
Nase: *krautig, zitronig und – typisch für die Kalthopfung – leicht harzig, frische Hefe, Honig, Kamille.*
Gaumen: *mittlerer Körper, milde Süße, elegante Bittere, Andeutung von Heilkräutern.*
Gesamteindruck: *starker Charakter, dennoch unglaublich ausgewogen und elegant.*

Edelstoff
EXPORTBIER
5,6 % vol
50 cl
13
J. W.
Augustiner
Edelstoff
07.20
L0505141 J

Edelstoff

Stil: *DEUTSCHES HELLES EXPORTBIER*

Alkoholgehalt: *5,6 % vol.*
Gärung: *untergärig*
Flasche: *0,5 Liter mit Kronkorken*

Hersteller: *Augustiner-Bräu Wagner KG*
Herkunft: *München, Bayern (Deutschland)*

Das Augustinerbier wurde erstmals 1328 von den Münchener Augustinermönchen gebraut, wie schon der Name vermuten lässt. Fast ein halbes Jahrhundert lang lag die Herstellung in den Händen der Mönche; im Zuge der Säkularisierung im 19. Jahrhundert wurde das Kloster geschlossen und vom Staat konfisziert. Die Brauerei wurde unter staatlicher Kontrolle weiter betrieben, bis sie privatisiert und von der Familie Wagner übernommen wurde. Die Initialen Joseph Wagners sind auf dem Etikett verewigt. Mit der Öffnung des Augustiner Klosterwirts 2013 am Ort des ursprünglichen Klosters schließt sich der historische Kreis.
Der Augustiner-Bräu gehört zu den offiziellen Bierlieferanten des Oktoberfests und ist die einzige Brauerei, die ihr „Wiesnbier" aus Holzfässern ausschenkt und die Gerste im eigenen Betrieb mälzt.
Der Edelstoff Export wurde 1925 als Besonderheit eingeführt und wird aus edelsten Rohstoffen gebraut. Der Begriff „Export" taucht erstmals bei den stärkeren Dortmunder Bieren auf, die durch die längere Haltbarkeit für den Export geeigneter waren. Heute deutet diese Bezeichnung im Allgemeinen auf ein etwas stärkeres Helles hin, das nicht zwingend für den Export bestimmt ist.

Verkostung

Auge: *strohgelb, klar, mittelporige weiße Schaumkrone.*
Nase: *helles Malz und Akazienhonig mit den krautigen Noten des Edelhopfens.*
Gaumen: *mittlerer, weicher Körper, malzige Süße, leicht spritzig, minimale Bittere im Ausklang.*
Gesamteindruck: *gut ausgewogen bei optimalem Geschmack.*

Weihenstephaner
DUNKLES STARKBIER
Weihenstephaner
KORBINIAN

Korbinian

Stil: *DOPPELBOCK*

Alkoholgehalt: *7,4 % vol.*
Gärung: *untergärig*
Flasche: *0,5 Liter mit Kronkorken*

Hersteller: *Bayerische Staatsbrauerei Weihenstephan*
Herkunft: *Weihenstephan/Freising, Bayern (Deutschland)*

Dieses Bier feiert eine lange Geschichte und trägt sogar den Namen des hl. Korbinian, der in Freising im Jahr 720 St. Stephan, die Kirche der späteren Benediktinerabtei Weihenstephan, gründete. Die Klosterbrauerei nahm 1040 ihre Tätigkeit wieder auf, nachdem sie von der Stadt Freising dazu autorisiert wurde; es gibt Hinweise darauf, dass die ersten Mönche bereits Ende des 8. Jahrhunderts Bier gebraut hatten. Auch diese Klosterbrauerei wurde Anfang des 19. Jahrhunderts im Zuge der Säkularisation zu Staatseigentum und musste ihre Produktion einstellen, bis sie 1923 als Bayerische Staatsbrauerei Weihenstephan den Betrieb wiederaufnahm. Durch die Zusammenarbeit mit der Forschungsbrauerei Weihenstephan der Technischen Universität München wurde sie zum Zentrum der Avantgarde. Der Doppelbock wurde ursprünglich von den Mönchen als Nahrungsmittel zur Fastenzeit gebraut, er war sehr nahrhaft, mit geringerem Alkoholgehalt und wesentlich süßer als heute; daher auch der Name „flüssiges Brot“.
Der Korbinian (ein Doppelbock, ohne die charakteristische Namensendung „-ator“ wie beim Archetyp „Salvator“ von Paulaner) zeichnet sich durch moderne Eleganz aus.

Verkostung

Auge: *mahagonifarben mit glänzenden Kupferreflexen, klar, feinporige, stabile, dunkelbeige Schaumkrone.*
Nase: *Karamellmalzaromen, leicht fruchtige Pflaumen- und Feigennoten, geröstete Haselnuss.*
Gaumen: *mittlerer Körper, leichte Spritzigkeit, süße, ausgewogene, sanfte Röstnoten.*
Gesamteindruck: *malzlastig, samtig, stark, geschmackvoll ... und sehr süffig.*

HIMAY
RES TRAPPISTES

Die „klassischen Trappisten“

„Trappistenbier“ bezeichnet im Allgemeinen Bier, das innerhalb der Klostermauern von Mönchen gebraut wird, die dem Ordo Cisterciensis Strictioris Observantiae, also dem „Orden der Zisterzienser der strengeren Observanz“, angehören. Sie werden zu Ehren des ersten Zisterzienserklosters La Trappe in der Normandie auch „Trappisten“ genannt. Der Zusatz „der strengeren Observanz“ bezeichnet eine besonders strikte Form des Klosterlebens, d. h. die strengere Einhaltung der Benediktsregel. Das bedeutete Demut und Askese, die sich in strengen Schweigeregeln, harter Arbeit und absoluter Abstinenz von Wein und Bier bei den Mahlzeiten äußerte. Die Abstinenzregel verlor immer mehr an Bedeutung, da sie offensichtlich kein Hindernis darstellte, Bier zu brauen und es auch zu trinken. Das Bierbrauen steht bei den Trappisten jedoch nicht im Mittelpunkt und ist auch nicht typisch für diesen Orden. Als 1997 die „International Trappist Association“ (I.T.A.) ins Leben gerufen wurde, um mit ihrem Siegel in Form eines Hexagons die Produkte der Trappisten (Käse, Bier, Gebäck, Marmelade usw.) als Marke zu schützen, brauten nur sieben von 150 Klöstern Bier.

Mit den „klassischen Trappisten“ bezeichnen wir die historischen, zumeist belgischen Biere der Gründer der I.T.A. mit der ältesten Brautradition, die wir hier von den „modernen Trappisten“, die weltweit erst seit 2012 die Brautätigkeit aufgenommen haben, unterscheiden.

Westmalle
TRAPPIST
Westmalle
TRAPPIST
Tripel
ALC. 9,5%
75 CL

Westmalle Tripel

Stil: *TRIPEL*

Alkoholgehalt: *9,5 % vol.*
Gärung: *obergärig*
Flasche: *0,75 Liter mit Champagnerkorken*

Hersteller: *Trappistenabtei Westmalle*
Herkunft: *Malle, Antwerpen (Belgien)*

Das erste Kloster von Westmalle wurde 1794 von Trappistenmönchen gegründet, die aber einige Wochen darauf vor der vorrückenden Französischen Revolution und später erneut vor Napoleon flüchten mussten. 1836 wurde das Kloster nach Jahren der Unsicherheit zur Abtei erhoben, und in der Folge begann man in einer kleinen Brauerei Bier für den Eigenbedarf zu brauen. Als die Mönche dann auch Bier für den Verkauf herstellten, waren sie so erfolgreich, dass sich die Abtei ab 1861 hauptsächlich durch die Brauerei finanzierte.

Die wichtigste Sorte der Westmalle-Biere ist das Tripel, das als Prototyp dieses Stils gilt. Es wurde Mitte des 20. Jahrhunderts aus einem Rezept für ein starkes, helles Bier entwickelt, das sich nach dem Verbot hochprozentiger Alkoholika in Belgien (1919) durchgesetzt hatte. Das Verbot sollte den negativen Auswirkungen des Gin-Missbrauchs entgegenwirken, begünstigte indirekt aber den höheren Alkoholgehalt vergorener Getränke, die nicht unter die Kategorie „Spirituose" fielen. Das Westmalle Tripel gilt auch heute noch für viele Brauereien als Maßstab für diesen Biertyp.

Verkostung

Auge: *goldgelb, klar (mit Hefe-Bodensatz), üppige, sehr stabile, weiße Schaumkrone.*
Nase: *Früchte (frisch, reif, marmeladig), Blumen, Gewürze, Mürbteig, krautig, alkoholisch.*
Gaumen: *Die Süße des Malzes wird durch den schlanken, trockenen Körper, die Spritzigkeit und die finale Bittere abgemildert.*
Gesamteindruck: *ein meisterliches Hefebier, das immer wieder aufs Neue erstaunt.*

CHIMAY
PERES TRAPPISTES
GRANDE RÉSERVE
VIEILLIE EN BARRIQUES
WOOD TYPES: French oak, american oak, rum
ALCOHOL: 10,5% vol. | BOTTLING DATE: 15/02/2017
3 FERMENTATIONS: Tank, Barrel, Bottle

Chimay Grande Reserve vieille en Barriques Edition 2017

Stil: *BELGISCHES DUNKELSTARKBIER, FASSREIFUNG*

Alkoholgehalt: *10,5 % vol.*
Gärung: *obergärig*
Flasche: *0,75 Liter mit Champagnerkorken*
Hersteller: *Trappistenabtei Notre-Dame de Scourmont*
Herkunft: *Chimay, Hennegau (Belgien)*

Die Geschichte des Klosters von Scourmont beginnt „erst" 1850 in einem ärmlichen Gutshof für Landpächter, umgeben von Sümpfen und Wäldern, in dem eine Handvoll Trappistenmönche eine Unterkunft fanden. Sie kamen von der Abtei Westvleteren, in der bereits Bier gebraut wurde. 1862 tranken die Mönche von Chimay ihr erstes selbst gebrautes Bier, und 1864 begannen sie für den Verkauf zu produzieren, um dadurch das Kloster zu erhalten. Heute verfügt Chimay über die größte Bierproduktion aller Trappistenbrauereien.
Obwohl die Produktion in Qualität und Menge gesteigert wurde, hat man keine weiteren Sorten in die seit Jahren aus vier Sorten bestehende Produktpalette aufgenommen. Deshalb stellen wir hier die letzte Neuerung aus dem Jahr 2015 vor – eine Sonderedition der Ikone Chimay Blu, das Aushängeschild der Abtei, das zum ersten Mal 1956 als Weihnachtsedition gebraut wurde. Das „Grande Réserve vieille en barriques" repräsentiert mit seiner Fassreifung die relevanteste und „modernste" Innovation, nicht nur für Chimay, sondern auch für die etwas „steife" Welt der „klassischen Trappisten", die nie durch Neuerungssucht und Differenzierung geglänzt hat.

Verkostung

Auge: *braun mit kupferfarbenen Reflexen, üppige, feinporige, cremefarbene Schaumkrone.*
Nase: *Karamell, Toffee, Vanille, Marzipan, Kaffee, eingelegte Früchte, Holz, Cognac und Rum.*
Gaumen: *schlanker, samtiger Körper, zarte Tannine, süße Röstaromen, Rosinen, Rumnuancen.*
Gesamteindruck: *Frühestens ein Jahr nach der Abfüllung geöffnet, ist er rund und ausgewogen.*

TRAPPISTE
TRAPPISTENBIER
ORVAL
CERVEZA TRAPENSE
TRAPPIST ALE
TRAPPISTØL

Orval

Stil: *BELGIAN SPECIALITY ALE*

Alkoholgehalt: *6,2 % vol.*
Gärung: *Mischgärung (obergärig + Brettanomyces)*
Flasche: *0,33 Liter mit Kronkorken*
Hersteller: *Trappistenabtei von Orval*
Herkunft: *Villers devant Orval, Luxemburg (Belgien)*

Orval ist ein lebender Mythos. Seine Geschichte beginnt im 11. Jahrhundert, als sich nacheinander italienische Benediktiner, Kanoniker, französische Zisterzienser, die in die „strengere Observanz" übergingen, dort niederließen. All das zwischen Bränden, Wiederaufbau, Verweisung, Kriegen und dem Besuch der Mathilde von Canossa, die ihren Ring in der Quelle des Tals verlor, der ihr von einer Forelle zurückgebracht wurde. Vor Dankbarkeit soll sie ausgerufen haben: „Das ist ein wahres Goldtal (Val d'Or)!" So entstand der Legende nach der Name Orval. Doch die Abtei wurde zweimal von den französischen Truppen niedergebrannt, einmal im Dreißigjährigen Krieg und einmal während der Französischen Revolution. Aber die Trappisten kehrten zurück und bauten alles wieder auf. Die Brauerei wurde ins Leben gerufen, um den Wiederaufbau zu finanzieren: von den Mönchen überwachte Produktion, von Laienbrauern ausgeführt, ein meisterliches Rezept, nach dem bis heute gebraut wird, der erste nationale Vertrieb eines Trappistenbieres, Eintrag des Logos mit Ring und Forelle und schließlich die Kreation eines eigenen Bierglases. Von Anfang an eine Erfolgsgeschichte, die allein diesem Bier zu verdanken ist: einzigartig, unvergleichlich, originell („der Geschmack von Orval") und abgefüllt in der eigens entworfenen Flasche in der Form eines Kegels.

Verkostung

Auge: *helle Bernsteinfarbe, naturtrüb, üppige, weiße Schaumkrone von mittlerer Standfestigkeit.*
Nase: *Pfeffer, Krautnoten, Pflaume, gelbe Nudeln, Orangenschale, tierische Noten.*
Gaumen: *mittlerer Körper, schaumig, trocken, fruchtig, würzig, Lakritz- und Rhabarbernoten.*
Gesamteindruck: *frischer Durstlöscher, mit reichem Bouquet auch im Nachtrunk.*

Tynt

Die „modernen“ Trappisten

Seit Jahren sind wir die „üblichen“ Trappisten und ihre Biere gewohnt: Chimay, Orval, Rochefort, Westmalle und Westvleteren in Belgien sowie Koningshoeven in Holland. Die einzige Neuheit stellt die Abtei von Achel in Belgien dar, die 1998 die Bierherstellung aufnahm.

Doch wie aus dem Nichts begann 2012 das Zeitalter der „modernen“ Trappisten, in weniger als acht Jahren wurden weltweit fünf neue Trappistenbrauereien ins Leben gerufen:

- *Stift Engelszell* (2012, Österreich), gibt seinem Bier Fantasienamen und braut ein Weizenbier;
- *Maria Toevlucht „Zundert“* (2013, Holland), am nächsten an den „alten“ Trappisten und am traditionellsten;
- *St. Joseph's Abbey of Spencer* (2014, USA), die erste außerhalb Europas und die kreativste mit ihren IPAs in Dosen, dem Imperial Stout und den fruchtigen Bieren;
- *Abbazia delle Tre Fontane di Roma* (2015, Italien) mit der originellsten Zutat: Eukalyptus;
- *Mont St. Bernard Abbey „Tynt Meadow“* (2018, UK) mit seinem English Strong Ale.

Welche Neuigkeiten werden uns noch erwarten? Werden neue Trappisten herauskommen, die ebenso erfolgreich sein werden wie ihre Vorgänger? Werden die vielen neuen Trappistenbrauereien für Begeisterung oder Verwirrung sorgen? Mögen zukünftige Generationen darüber entscheiden. Wir probieren sie inzwischen alle!

AMERICAN
AUTHENTIC
TRAPPIST
PRODUCT
TRAPPIST
American trappist
SPENCER
TRAPPIST IMPERIAL STOUT
PAIR WITH
FAMILY AND FRIENDS
33CL / 330ML

Spencer Trappist Imperial Stout

Stil: *IMPERIAL STOUT*

Alkoholgehalt: *8,7 % vol.*
Gärung: *obergärig*
Flasche: *0,33 Liter mit Kronkorken*

Hersteller: *Trappisten der St. Joseph's Abbey of Spencer*
Herkunft: *Spencer, Massachussets (USA)*

Die Trappisten in Amerika kamen im 19. Jahrhundert aus Frankreich, wie immer mussten sie vor der bedrohlichen politischen Entwicklung in Europa fliehen. 1825 siedelten sich die ersten Trappisten in Nova Scotia an, nach mehreren Bränden wurde der Standort in die USA verlegt, und schließlich wurde 1950 die Trappistenabtei in Spencer gegründet, die sich vor allem durch den Verkauf von Marmelade über Wasser hielt. Als sich dann ein Hobbybrauer der Gemeinschaft anschloss, konnte er seine Mitbrüder von der Bierherstellung überzeugen. Bald wurde der Plan für eine Brauerei erstellt, und nach zweijähriger Ausbildung in den europäischen Trappistenbrauereien wurde die Abtei von Spencer die erste außerhalb Europas. Durch ihr gutes Bier wurden sie bald die innovativsten und erfolgreichsten der „New-Age-Trappisten". In nur fünf Jahren entstanden drei Produktlinien mit zehn unterschiedlichen Bieren: die „klassischen Trappisten", die „American Trappist Craft Beers" mit einem IPA-Dosenbier, zwei Lager und dem hier vorgestellten Imperial Stout sowie die „Spencer Fruit Series" mit Pfirsich und Grapefruit.

Verkostung

Auge: *ebenholzfarben, undurchsichtig, mit einer sehr cremigen, haselnussbraunen Schaumkrone.*

Nase: *von Röstaromen dominiert, Kaffee, Mokka und Schokolade, mit Karamell-, Brombeer- und Umaminoten.*

Gaumen: *halbvoller Körper, Röstaromen, verbranntes Karamell, leicht bittere Lakritz- und Wurzelnoten.*

Gesamteindruck: *ein ziemlich klassisches, „nicht amerikanisches" Stoutbier, komplex und ausgewogen.*

Zundert
10
DE KIEVI
Zundert
BROUWERIJ
10
DE KIEVIT
TRAPPIST
10% vol. alc.
33cl

Zundert 10

Stil: *BELGISCHES SPEZIAL-ALE (QUADRUPEL)*

Alkoholgehalt: *10 % vol.*
Gärung: *obergärig*
Flasche: *0,33 Liter mit Kronkorken*
Hersteller: *Trappistenabtei Maria Toevlucht*
Herkunft: *Zundert, Nordbrabant (Niederlande)*

Die ersten Trappisten, die in den Niederlanden ankamen, waren aus dem französischen Kloster Mont des Cats auf der Suche nach Asyl. Sie ließen sich in Tilburg nieder, wo sie 1881 die Abtei Koningshoeven (eine der historischen Trappistenbrauereien: La Trappe) gründeten. 1897 schenkte ein Adliger aus Zundert dem Abt von Koningshoeven neue Ländereien, Platz zur Errichtung eines neuen Klosters, um weiteren Trappistenmönchen auf der Flucht Unterschlupf zu gewähren, das Maria Toevlucht „Maria Zuflucht" genannt wurde. Die traditionellen Arbeiten in Zundert beschränkten sich auf Milchviehhaltung und Landwirtschaft. Nach dem Jahr 2000 musste die Abtei wegen des Verfalls der Milchpreise auf eine andere Einnahmequelle umstellen. So wurde beschlossen, eine Brauerei zu errichten, die nach den einst dort weitverbreiteten Kiebitzen als „De Kievit" bezeichnet wurde.
Zundert wurde 2013 die neunte Bier brauende Trappistenabtei der Welt und die zweite in Holland. Aktuell werden dort zwei Trappistenbiere im Stil der „klassischen Trappisten" hergestellt und traditionell mit den Zahlen benannt, die den Alkoholgehalt bezeichnen: das „Zundert 8" (ein Tripel mit 8 % vol.) und das „Zundert 10" (ein Quadrupel mit 10 % vol.).

Verkostung
Auge: *sehr dunkle Bernsteinfarbe, mit beiger, sehr stabiler Schaumkrone.*
Nase: *Karamell, Banane, Dörrobst, tropische Früchte, Lakritz, Kakao und Phenol.*
Gaumen: *voller, cremiger Körper, feinperlend, süß, Melasse, getrocknete Feigen, leicht bitter im Nachgang.*
Gesamteindruck: *opulent und pompös, eine Spezialität für Liebhaber dieses Stils.*

Tynt Meadow
ENGLISH TRAPPIST ALE
STRONG ALE BREWED BY THE MONKS OF MOUNT SAINT BERNARD ABBEY, CHARNWOOD FOREST
ALC. 7.4% VOL

Tynt Meadow English Trappist Ale

Stil: *STRONG ALE*

Alkoholgehalt: *7,4 % vol.*
Gärung: *obergärig*
Flasche: *0,33 Liter mit Kronkorken*

Hersteller: *Trappistenabtei Kloster Mount Saint Bernard*
Herkunft: *Coalville, Leicestershire (UK)*

Diese Trappistenansiedlung geht auf das Jahr 1835 zurück, als Ambrose de Lisle, ein Anglikaner, der zum Katholizismus konvertiert war, den Mönchen ein Land in den Wäldern von Charnwood schenkte, auf der die Jagdhütte Tynt Meadow stand. Er wählte den Namen „Mount Saint Bernard" für diesen Ort und die zukünftige Abtei. Die aus Frankreich geflüchteten Mönche von Tynt Meadow hatten sich anfangs der Landwirtschaft sowie der Milch- und Käseproduktion gewidmet. Bis zur Jahrtausendwende hatten sie damit ein gutes Auskommen. Aber wie bei den Mitbrüdern in Zundert wurde die Käseherstellung durch die Modernisierung der Landwirtschaft und den Milchpreisverfall unrentabel. So belebten sie die alte Tradition des Bierbrauens wieder, die die Abtei einst aufgegeben hatte. Sie besuchten die Kleinstbrauereien der Umgebung, die neuen Brauereien der Klöster von Norcia und Saint-Wandrille und natürlich auch die historischen Trappistenbrauereien. Mit dem erworbenen Wissen kamen sie überein, kein belgisches Bier zu imitieren, sondern sich von den englischen Bieren inspirieren zu lassen. So entstand ihr erstes und einziges Bier, ein „English Trappist Ale", um zu betonen, dass es auch in England Trappisten gibt.

Verkostung

Auge: *dunkelbraune Farbe mit rötlichen Reflexen, leichte Trübung mit schwacher, beiger Schaumkrone.*

Nase: *dunkles Karamell, Kastanienhonig, Johannisbrot, Haselnuss, reife Früchte und Trockenpflaume.*

Gaumen: *mittlerer Körper, mittlere Perlung, süßlich, Schokolade, weißer Pfeffer, bitter im Ausklang.*

Gesamteindruck: *gute Ausgewogenheit zwischen Süße, Bittere und Alkohol mit etwas schwachem Charakter.*

BFM
Consigne : 1 franc
A consommer de préférence avant la date indiquée
La Saison
La Saison
6% vol.
Affinée en fûts de Saint Bonch'
Bière acidulée
BFM
225

Saison und Farmhouse

Saisonbiere wurden früher im wallonischen Teil Belgiens im Winter auf den Bauernhöfen als Durstlöscher für die Landarbeiter gebraut, die in der darauffolgenden Frühjahrs- und Sommersaison hart arbeiten mussten. Oft waren sie auch der Lohn für Erntehelfer. Die Biere wurden einfach hergestellt: Es gab keine Verpflichtung, sich an ein bestimmtes Rezept zu halten, jede Familie braute das, was verfügbar war. Sicher ist jedoch, dass diese Biere für den Durst der Menschen gedacht waren, die in der Hitze auf die Felder mussten. Deshalb waren sie leicht, trocken, ein wenig bitter und würzig, manchmal auch mit Zitrusnoten. Und vor allem: Sie mussten getrunken werden, bevor sie sauer wurden. Diese ursprüngliche Freiheit in der Herstellung ist heutzutage zur Anarchie geworden, deshalb kann ein *Saisonbier* alles Mögliche sein. Ausgeartet ist die Situation mit dem *Farmhouse*-Bier der amerikanischen Craftbier-Szene.
Als Vertreter des *Saison*- und *Farmhouse*-Stils präsentieren wir hier den belgischen Klassiker Saison Dupont als absolutes Paradigma, das Standard Farmhouse von Prairie-Kerbs als amerikanisches Pendant sowie die Schweizer Interpretation des Stils durch die Brasserie des Franches-Montagnes (BFM).

DUPONT
TOURPES
Saison
Dupont

Saison Dupont

Stil: *SAISON*

Alkoholgehalt: *6,5 % vol.*
Gärung: *obergärig*
Flasche: *0,33 Liter mit Kronkorken*

Hersteller: *Brasserie Dupont*
Herkunft: *Toupes, Wallonien (Belgien)*

Die Brasserie Dupont befindet sich auf einem antiken Bauernhof, der 1844 zur „Farm-Brewery“ wurde und Honig und Saisonbier herstellte. Der Besitz ging 1920 auf die Familie Dupont über, die auch heute noch die Geschäfte in fünfter Generation führt. Das heutige Rezept des Saison Dupont ist eine Kreation des Stammvaters und Agronomen Luis Dupont, der damit die alten Hausbiere erneuern wollte, die früher auf den Bauernhöfen gebraut wurden. Deshalb ist auch das Saison Dupont – heute in der ganzen Welt die Ikone dieses Stils, die „Mutter“ und Bollwerk aller belgischen Saisonbiere – in Wahrheit ein „neues“ Saisonbier, das aus einem Bruch mit der Vergangenheit entstand. Alles befindet sich im Fluss, und die heutigen Klassiker sind nichts anderes als die Innovationen von gestern.
Dieses einfache Saisonbier glänzt sicher nicht durch Komplexität, dennoch ist es ein großes Bier mit einem schönen, bitteren Profil, unverwechselbar durch die hauseigene Hefe, den duftenden Hopfen und seine Geradlinigkeit.

Verkostung

Auge: *kräftige, rotgoldene Farbe, leichte Trübe (durch die Hefe im Bodensatz), üppige, wenig stabile, weiße Schaumkrone.*

Nase: *typische Dupont-Hefe, Pfeffer, fruchtige, krautige, blumige und Zitrusnoten.*

Gaumen: *mittlerer bis schlanker Körper, sehr spritzig, zitronig, pfeffrig, trockener, bitterer Ausklang.*

Gesamteindruck: *einfach, frisch, durstlöschend. Weniger ist mehr!*

PRAIRIE
ARTISAN ALES
How to Noodle
STANDARD
A HOPPY FARMHOUSE ALE

Standard
A Hoppy Farmhouse Ale

Stil: *FARMHOUSE*

Alkoholgehalt: *5,6 % vol.*
Gärung: *obergärig*
Dose: *0,33 Liter*

Hersteller: *Prairie Aritsan Ales (Kerbs Brewing Company)*
Herkunft: *Kerbs, Oklahoma (USA)*

Am Anfang dieses Projekts standen die beiden Healy-Brüder, Hobbybrauer mit großen Ambitionen. Sie gründeten 2012 eine Firma und ließen ihre Rezepte von der Brauerei ihres Vertrauens nachbrauen. Das fertige Bier vertrieben sie dann über einen Großhändler. Nach dem ersten Jahr konnten sie sich bereits einen eigenen Firmensitz leisten und Ende 2013 brauten sie ihre ersten Biere selbst. Heute sehen sie sich als „kleine Brauerei der dritten Generation von Oklahoma" und sind ein weiteres Beispiel für ein erfolgreiches Start-up-Unternehmen: von der Garage zur Kleinbrauerei mit eigener Brauanlage und Schankstube. Wer sich nur auf die Bewertungen im Internet verlässt, dem sei gesagt, dass Prairie im Jahr 2016 in die Top 100 der Weltrangliste der Brauereien als beste Brauerei Oklahomas eingegangen ist. Das Unternehmen offeriert eine Palette guter und origineller Biere, von fassgereiften über solche mit Wein- und Champagnerhefe bis hin zum Standard Hoppy Farmhouse Ale, einem modernen Saisonbier, das vom neuseeländischen Motueka-Hopfen geprägt ist.

Verkostung
Auge: *helles Goldgelb, naturtrüb, spritzig, weiße Schaumkrone.*
Nase: *zitronig und krautig mit den typischen Noten der Saison-Hefe.*
Gaumen: *mittlerer Körper mit würzigem Zitrusgeschmack.*
Gesamteindruck: *ein frisches, leichtes Bier für jeden Tag.*

Consigne : 1 franc
La Saison
6% vol.
La Saison
Affinée en fûts de Saint Bonch'
Bière acidulée
Reconstitution
d'une bière
pluriséculaire
33 cl
225
Ingrédients : eau, malt, houblon, sucre, levure.
Brasserie BFM SA, 2350 Saignelégier, Jura, Suisse
www.brasseriebfm.ch
by Jérôme Rebetez

La Saison √225

Stil: *SAISON*

Alkoholgehalt: *6 % vol.*
Gärung: *obergärig*
Flasche: *0,33 Liter Bügelverschluss*

Hersteller: *Brasserie des Franches-Montagnes (BFM)*
Herkunft: *Saignelégier, Jura (Schweiz)*

BFM, Pionier der neuen Schweizer Braukunst, wurde 1997 auf dem Besitz ihres Gründers Jerome Rebetez, Weinhersteller und Hobbybrauer der ersten Stunde, gegründet, der sich mit dem Preisgeld als Sieger eines Fernsehwettbewerbs seine eigene Brauerei bauen ließ. Bereits die ersten Biere des Unternehmens spiegelten den Ideenreichtum des Gründers und die Fähigkeit, ihn auch in Produkte umzusetzen, wider. Die Quadratwurzel aus 225 ist 15 und verweist, um die Ecke gedacht, auf das 15-jährige Firmenjubiläum der BFM. In diesem Jahr, 2012, brachte Jerome sein La Saison √225 auf den Markt, als Hommage an die alten Saisonbiere und als Protest gegen die modernen, die nichts mehr mit der Geschichte der wallonischen Bauern gemein haben. Tatsächlich beschreibt er es als „Rekonstruktion eines jahrhundertealten säuerlichen Bieres". Veredelt wird es mithilfe einer schnellen Passage durch die Fässer des legendären Abbaye de Saint Bon-Chien, wodurch es an Säure und Komplexität gewinnt.

Verkostung

Auge: *kräftiges Goldgelb, fast orange, klar, jedoch mit dickem Bodensatz in der Flasche.*
Nase: *sehr peppig, Zitrone mit fruchtiger Note (weiße Trauben, Ananas) und einer Nuance Essig.*
Gaumen: *schlanker Körper, sehr spritzig, fruchtige Milchsäure mit säuerlichem Ausklang.*
Gesamteindruck: *ein Saisonbier nach antikem Vorbild, schmeckt auch nach der Saison: ein wahrhaft durstlöschendes Sour Saison.*

BIRRA DEL CARROBIOLO
PICCOLO OPIFICIO BRASSICOLO CARROBIOLO
11 O.G. 11
2018 SPECIAL

Die Rauchbiere

Zu dieser Gruppe gehören alle Biere, die sich durch ihr charakteristisches Raucharoma auszeichnen. Alle klassischen Biere können geräuchert werden, denn der Rauch tut den typischen Stilmerkmalen keinen Abbruch: Wichtig ist eine ausgewogene Zuführung der Raucharomen, damit sie sich gut in das Geschmacksprofil einfügen. Es gibt auch spezielle Rauchbiere, die auf keinem klassischen Stil basieren oder unter Zugabe von Früchten und Gewürzen hergestellt werden.

Das Räuchern des Bieres erfolgt nicht durch einen besonderen Herstellungsprozess, vielmehr durch die Zugabe von bereits geräuchertem Gerstenmalz. Der Rauch wird dem Malz während des Darrens zugeführt. Nachdem die Gerste unter Zugabe von Wasser aufgequollen ist und gekeimt hat, wird das sogenannte Grünmalz auf der Darre getrocknet. Beim Rauchbier erfolgt die Trocknung über offenem Feuer unter Verwendung besonderer Hölzer (Buche, Eiche, Ahorn oder Kirsche); seltener wird auch Torf verwendet, wie man es aus der Whisky-Herstellung kennt.

Früher erfolgte die Trocknung des Gerstenmalzes ausschließlich über offenem Holzfeuer, deshalb waren damals wohl die meisten Biere Rauchbiere.

Bambergs
Dem Bayerischen Reinheits-
gebot entsprechend gebrautes
Aecht
Schlenkerla
Rauchbier
‹ges. gesch.›
MÄRZEN
BRAUEREI HELLER
BAMBERG
SCHLENKERLA

Aecht Schlenkerla Rauchbier

Stil: *MÄRZEN RAUCHBIER*

Alkoholgehalt: *5,1 % vol.*
Gärung: *untergärig*
Flasche: *0,5 Liter mit Kronkorken*

Hersteller: *Heller Bräu Trum GmbH*
Herkunft: *Bamberg, Oberfranken (Deutschland)*

Bamberg ist Welthauptstadt des Rauchbieres und das Schlenkerla ist die Königin. Man muss dieses Bier in der historischen Schlenkerla-Brauereigaststätte probiert haben, um seine Magie zu verstehen. Sie befindet sich mitten in der Altstadt, in der Dominikanerstraße 6, im Gebäude des ehemaligen Blauen Löwen, das an das Dominikanerkloster grenzte. Am besten genießt man das aus dem Eichenfass gezapfte Rauchbier in der Dominikanerklause, der Kapelle des ehemaligen Klosters aus dem Jahr 1310, aus dem nach der Säkularisation die Brauerei entstand. Das Geheimnis des Bieres liegt in der Qualität des Rauchmalzes, das in der eigenen Mälzerei unter Verwendung von abgelagertem Buchenholz hergestellt wird. Schlenkerla ist eine der beiden letzten Brauereien weltweit, die ihr Rauchmalz noch selbst herstellen und nicht bei Handelsmälzereien fertig zukaufen. Der Name „Schlenkerla" ist der Spitzname des ehemaligen Braumeisters Andreas Graser, der 1875 die Brauerei übernahm. Durch einen Unfall hinkte er und „schlenkerte" beim Gehen zum Ausgleich mit den Armen. Die Brauerei ist heute noch im Besitz der Familie.

Verkostung

Auge: *braune Farbe mit rubinroten Reflexen, klar, hellbeige, feinporige, stabile Schaumkrone.*

Nase: *starke Rauchnoten, die an geräucherten Speck erinnern, mit den Karamellnoten von Schwarzbrot.*

Gaumen: *Der rauchige Geschmack wird unterstützt von viel Karamellmalz, schöner Körper.*

Gesamteindruck: *kräftig, intensiv, aber sauber im Nachgang: Prototyp dieses Stils.*

BIRRA DEL CARROBIOLO
PICCOLO OPIFICIO BRASSICOLO CARROBIOLO
11 O.G. 11
X-TRA PEATED
2018 SPECIAL EDITION
ALC 13% VOL. | BIRRA STAGIONALE INVERNALE | 75 I.B.U.
RIFERMENTATA

O.G. 1111
Winterbier

Stil: *EXTRA STRONG PEATED OLD ALE*

Alkoholgehalt: *13 % vol.*
Gärung: *obergärig*
Flasche: *0,375 Liter mit Kronkorken*

Hersteller: *Carrobiolo*
Herkunft: *Monza (Italien)*

Hier handelt es sich um eine kleine Brauerei, die 2008 in einem antiken Kloster im Zentrum von Monza ihre Pforten öffnete. Der Gründer (und das ist der Autor selbst!) hat sich dafür entschieden, ein Brewpub ins Leben zu rufen, statt die Brauerei und die Produktion zu vergrößern, um dadurch seine Vorstellung von der wahren Essenz einer lokalen und unabhängigen Mikrobrauerei zu verwirklichen: das bestmögliche Bier zu brauen, das wenn möglich gleich vor Ort aus den Reifetanks genossen wird, ohne Lagerhaltung, ohne Vertrieb an Groß- und Einzelhändler mit langen Transportwegen. Stattdessen bedient er die Gastwirte lieber persönlich, die selbst zur Brauerei fahren, um sich mit Bier zu versorgen. Das O.G. 1111 ist ein Bier im Stil der „Old Ales", nur in einer extrastarken Version. Es ist ein „Winterbier", denn es soll an kalten Tagen wärmen, und wie schon das Etikett erahnen lässt, ist es wegen des hohen Alkoholgehalts auch ein „höllisches" Bier, stechend wie Luzifers Gabel. Es entstand aus der Leidenschaft für rauchigen Whisky, der seine Kraft, Trockenheit und sein Aroma ebenso wie dieses Bier durch das Darren der Gerste über dem Torffeuer erhält.

Verkostung

Auge: *helles Mahagoni mit orangefarbenen Nuancen, klar, instabiler, cremefarbener Schaum.*
Nase: *Meertorf, Jod, Schiffstaue, Datteln, Trockenpflaumen, eingelegte Kirschen und Trauben.*
Gaumen: *mittlerer Körper, Karamell mit leichter Bitternote, balsamische und Rhabarbernoten im Nachgang.*
Gesamteindruck: *ein „Winterwärmer", der an die großen getorften Whiskys anklingt, aber mit der sanften Süße der Amari.*

The Lost Abbey

Imperial Stout

Die Imperial Stouts sind vermutlich die trendigsten Biere neben den IPAs und den Sauerbieren. Einige Hersteller fügen die Bezeichnung „Russian“ hinzu, als Hinweis auf den dort einst florierenden Markt, das Bier bleibt jedoch dasselbe: schwarz, opulent, alkoholreich. Diese Biere stammen tatsächlich aus dem Schoß der englischen Porter- und Stout-Biere, die im Viktorianischen Zeitalter in den Londoner Pubs als erlesene, hochpreisige Biere ausgeschenkt wurden. Nach dem Zweiten Weltkrieg sind die Imperial Stouts jedoch fast verschwunden, weil sie für die industrielle Herstellung zu teuer waren und zudem den Geschmack der Masse nicht trafen. Der italienische Philosoph Giambattista Vico war bereits im 17. Jahrhundert der Auffassung, dass sich die Geschichte stets wiederholt, und sehr zu unserer Freude haben die Mikrobrauereien das Stout nicht nur wiederentdeckt, sondern es auch zum festen Bestandteil ihrer Produktpalette gemacht. Heute gibt es unzählige Varianten: in allen möglichen Fasstypen gelagert, mit Brettanomyces oder anderen wilden Hefen, mit Kaffee, Kakao, Roggen, Hafer, Früchten, Milchzucker und sogar mit Steinpilzen! Oft sind es Einzelproduktionen, die bei Bierverrückten reißenden Absatz finden, aber auch zu horrenden Preisen auf den Sammlermärkten und Bierbörsen verkauft werden.

Rasputin
extra strong beer/bière extra-forte
23° Plato
www.brouwerijdemolen.nl
EBC 202
46 EBU
ingredients: water, barley malts (pils, caramel, chocolate), bitter hops (premiant, saaz), top fermenting yeast.
BROUWERIJ
DE MOLEN
drink at 10°C
unpasteurized
10.4% alc./vol.
33cl/330ml category S
Imperial Stout - ish

Rasputin

Stil: *IMPERIAL STOUT*

Alkoholgehalt: *10,4 % vol.*
Gärung: *obergärig*
Flasche: *0,33 Liter mit Kronkorken*

Hersteller: *Brouverij De Molen*
Herkunft: *Bodegraven, Südholland (Niederlande)*

Im Jahr 2004 beginnt das Abenteuer De Molen in einer ehemaligen Mühle (daher der Name), ein eher kleiner und unbequemer Ort für eine Brauerei, aber bereits die ersten Biere schlugen in der Craft-Bier-Szene ein wie eine Bombe, auch wegen der einfach gehaltenen Flaschenetiketten, die die Inhaltsstoffe ausweisen. Die Produktpalette wuchs schnell und der Gründer, Menno Olivier, wurde durch seine Experimentierfreudigkeit zum Mythos der zahlreichen Hobbybrauer, die davon träumen, eines Tages ebenfalls eine eigene Brauerei zu leiten. 2011 wurde der neue Firmensitz eröffnet, was mit einer deutlichen Produktionssteigerung, aber auch mit einigen Qualitätsschwankungen verbunden war. Im Jahre 2016 übernahm die Bavaria-Gruppe (nach Heineken die zweitgrößte Brauereigruppe Hollands) 35 % des Unternehmens. „Es wird sich nichts ändern", versicherte man seitens De Molen. 2018 änderte Bavaria ihren Namen in „Swinkels Family Brewers", kaufte nebenbei De Molens Firmenanteile und wurde hundertprozentiger Inhaber von De Molen, zum Leidwesen der Craft-Bier-Szene, die ihren Poeten verlor. Menno mutierte zur Verkörperung des Mythos von Craft-Brauereien, die aufgekauft werden möchten.

Verkostung

Auge: *dunkelbraun mit kleiner, aber stabiler hellbrauner Schaumkrone.*
Nase: *Kaffee, Bitterschokolade, dunkle und rote Früchte, Melasse, Sojasoße.*
Gaumen: *mittlerer Körper, Röstaromen, Lakritz, Karamell, Trockenpflaume und Tabak.*
Gesamteindruck: *durchschnittliche Komplexität und Ausgewogenheit mit leichter Bittere im Ausklang.*

The Lost Abbey
SERPENT'S STOUT

Serpent's Stout Vintage 2019

Stil: *IMPERIAL STOUT*

Alkoholgehalt: *11 % vol.*
Gärung: *obergärig*
Flasche: *0,75 Liter mit Champagnerkorken*

Hersteller: *The Lost Abbey*
Herkunft: *San Marcos, Kalifornien (USA)*

„The Lost Abbey" ist das zweite Aushängeschild der „Port Brewing Co.", zwei Marken und zwei Linien desselben Unternehmens, das 2006 offiziell seine Pforten in den ehemaligen Produktionsgebäuden der Stone Brewing Co. eröffnete und sofort wichtige Auszeichnungen und Preise für sich verbuchen konnte. Tatsächlich entstand das Unternehmen aus dem kalifornischen Brewpup der Pizza Port Brewing Co. in San Marcos und wird vom Braumeister Tomme Arthur geführt. Die Marke The Lost Abbey ist eine Hommage an die klösterliche Brautradition, weitet aber sein Sortiment auf Biere mit Fassreifung und Sauerbier aus. Wir hätten auch das mehrfach ausgezeichnete Cuvee de Tomme vorstellen können, das allerdings schon zu Pizza-Port-Zeiten entstand, deshalb entschieden wir uns dafür, das saisonale Serpent's Stout zu präsentieren, eines ihrer wenigen nicht belgisch inspirierten Biere, das jeden Herbst in den Verkauf kommt. Das Bier ist so dickflüssig, dass man es kaum aus der Flasche bekommt, und es ist in Nase und Mund sehr präsent, hat aber trotz seines Alkoholgehalts von 11 % vol. eine wohlige Samtigkeit. Ein starkes Bier mit Klasse. Sicherlich nicht jedermanns Sache, aber einen Versuch ist es wert.

Verkostung

Auge: *ein schwarzes Bier mit einer wenig stabilen, dünnen, cappuccinofarbenen Schaumkrone.*
Nase: *Röstkaffee, Lakritz, marmeladige Noten von Pflaume, Feige und Datteln, Madeira, Leder, Äthyl.*
Gaumen: *voller, öliger Körper, Kaffee, Malz, Bitterschokolade, Vanille, likörartig.*
Gesamteindruck: *sehr langer und kräftiger Nachklang, der die Komplexität betont.*

Sticky Wings

Stil: *DOUBLE MASH IMPERIAL RYE STOUT*

Alkoholgehalt: *9 % vol.*
Gärung: *obergärig*
Flasche: *0,5 Liter mit Kronkorken*

Hersteller: *Dok Brewing Company*
Herkunft: *Gent, Flandern (Belgien)*

Die Dok Brewing Company ist ein modernes Brewpub mit einsehbarer Brauanlage in postindustriellem Stil. Sie liegt in den alten Siedlungen von Dok Noord im Hafen von Gent. Hier orientiert man sich mehr am jungen Publikum der Craft-Bier-Bewegung (Bierhändler, Biersommeliers und Hobbybrauer), das auf zahlreichen Reisen seine Vorlieben erworben hat, sich nicht auf einen Bierstil festlegen und immer neue Biere probieren möchte. Deshalb darf man hier auch nicht erwarten, immer das Gleiche zu bekommen: Ist ein Bier zu Ende, kommt ein anderes nach, das mit ziemlicher Sicherheit ganz anders ist. Nicht alle Produktionen gibt es in Flaschen, das Sticky Wings, das wir probiert haben, aber schon – ein Imperial Stout, mit einem beträchtlichen Roggenanteil im Zweimaischverfahren gebraut.
Die einfache und sichtbare, auf Stahlgitter montierte Brauanlage hat ein Sudhaus für 10 Hektoliter, einen Gärapparat für 20 Hektoliter, zwei Reifetanks und zwei Tanks für den Ausschank, aus denen das Bier direkt zur antiken Theke mit 30 Fässern geleitet wird (die nicht nur mit Eigenproduktionen, sondern auch mit „Gastbieren" aus der ganzen Welt befüllt sind).

Verkostung

Auge: *undurchsichtige, schwarze Farbe mit beigefarbener, feinporiger, mittelstabiler Schaumkrone.*
Nase: *Röstaromen, Schokolade, dunkles Malz, Gewürze, Blaubeere, Kirsche, Pflaume, Melasse, Lakritz.*
Gaumen: *dickflüssig, süß, malzig, würzig, Roggenbrot, Noten von Schokolade, Lakritz, Melasse und eine Nuance Honig.*
Gesamteindruck: *sehr weich, geringe Bittere, ein gutes Bier als Dessert.*

Odravein Bourbon BA
Bourbon Barrel Aged
Barley Wine
Our anniversary
barley wine, aged in
bourbon barrels.
Põhjala pruulikoja
aastapäevaks
pruulitud barley
wine, mis on
laagerdunud
bourbon-viski
vaatides.

Fassgereifte Biere

Noch in den ersten Jahrzehnten des 20. Jahrhunderts wurde Bier in Holzfässern vergoren, gereift und transportiert. Durch den Einsatz von Metall (Gärtanks, Container, Dosen) und Glas (Flaschen) wurden sie danach immer mehr verdrängt. Bei Fassreifung denkt man eher an Wein, Whisky oder Rum, und tatsächlich erreichen die meisten Bierstile nicht die Komplexität, die ihnen Fässer geben könnten (Vanille, Tannine, Toasting, Oxidation).
Die Fassreifung bei Bier ist erst seit Kurzem wieder in Mode und mit bestimmten Bierstilen verbunden. Potenziell ist jedes Bier für die Fassreifung geeignet, jedoch ist es zweifellos ratsam, Biere mit Struktur, erhöhtem Alkoholgehalt, geröstetem Malz und vollem Körper zu verwenden, die die längere Lagerzeit, die Oxidation und die Anreicherung mit Tanninen besser vertragen als andere. Imperial Stouts in jeder Ausführung, Barley Wine und auch Porter, Brown Ale, Strong Belgian Ale, ob dunkel oder hell, sind alles Biere, die von der Lagerung in Fässern profitieren können. In vielen Fällen werden gebrauchte Fässer verwendet, in denen schon andere Alkoholika mit starken Aromen wie Whisky, Bourbon, Rum oder Wein lagerten, um die Biere mit eben diesen Aromen zu bereichern. Es gibt auch besondere Bierstile, die mit der Fassreifung verbunden sind: Biere, die unter Spontangärung hergestellt werden, sowie Red Flemish und andere Sauerbiere, mit und ohne Frucht, aber das ist ein anderes Kapitel.

ANNO 1980
oerbier
NAT EN STRAF
STORE COOL
special oerbier
RESERVA
BREWED IN
2015
& BOTTLED BY
DE
DOLLE BROUWERS
ESEN, BELGIUM

Oerbier
Special Reserva 2015

Stil: *BELGIAN STRONG DARK ALE – BARREL AGED*

Alkoholgehalt: *13 % vol.*
Gärung: *obergärig*
Flasche: *0,75 Liter mit Korken/Kronkorken*

Hersteller: *De Dolle Brouwers*
Herkunft: *Esen (Belgien)*

Diese historische Brauerei, die 1980 von den Gebrüdern De Dolle wieder ins Leben gerufen wurde, ist ein Fixpunkt für Fans komplexer belgischer Biere. Das Oerbier ist die erste Kreation aus dem Hause De Dolle, ein Belgian Strong Ale, das erst seine wahre Größe erlangte, als im Jahr 2000 die bisher verwendete Hefe nicht mehr geliefert werden konnte. Kurzerhand stellten die Brauer eine eigene Hefe zusammen und fanden nach einigen Versuchen die ideale Zusammensetzung, die mittlerweile mythisch ist. Der hohe Alkoholgehalt und die komplexe Struktur des Oerbieres sind perfekte Voraussetzungen für eine gelungene Fassreifung, wie sie die Gebrüder De Dolle mit dem Oerbier Reserva umsetzten. Für die 2015er-Version wurden Bordeauxfässer verwendet.

Ein weiteres Highlight der Brauerei ist das Weihnachtsbier Stille Nacht, das die Fans alljährlich mit Spannung erwarten und einen Run veranstalten, um die ersten Schlucke vom Fass zu ergattern und sich einen Kasten davon zu sichern, um es in den Flaschen reifen zu lassen. Letzteres gelingt nicht immer, denn es ist kein Oerbier und reift nur gut, wenn es Lust dazu hat.

Verkostung

Auge: *kupferbraun, naturtrüb, mit einer elfenbeinfarbenen, wenig stabilen Schaumkrone.*

Nase: *weinartig, balsamisch, rote Früchte mit Noten von Schokolade, Gewürzen und Muskat.*

Gaumen: *Säure von roten Früchten und Balsamico, Holznoten, weich wie Toffee, im Nachtrunk warm und leicht rauchig.*

Gesamteindruck: *Komplexität und Ausgewogenheit zwischen den Holz- und Weinnoten des Fasses und der Geschmeidigkeit der Milchsäure.*

PÕHJALA
CELLAR SERIES

Odravein Bourbon BA

Stil: *BARLEY WINE BARREL AGED*

Alkoholgehalt: *14 % vol.*
Gärung: *obergärig*
Flasche: *0,33 Liter mit Kronkorken und Wachssiegel*

Hersteller: *Põhjala*
Herkunft: *Tallinn (Estland)*

Die estländische Brauerei Põhjala ist ein geglücktes Beispiel für die neuen Brauereiunternehmen, die im zweiten Jahrzehnt des 21. Jahrhunderts entstanden. Das kleine estnische Unternehmen konnte sich nach der Gründung 2011 bald als weltweiter Vertrieb eines wichtigen Nischenprodukts auf dem Markt behaupten. Die Produktion reicht von einfachen Bieren bis zu einer langen Reihe von Imperial Stouts, oft fantasievoll und provokant überarbeitet und nicht selten in internationaler Zusammenarbeit.
Dieses Barley Wine, anlässlich des Firmenjubiläums hergestellt und in Bourbonfässern gereift, ist Teil des Projekts „Celler Series", eine Reihe starker Biere, die in unterschiedlichen Fässern reifen (Bourbon, Cognac, Sherry, Tequila ...). In diesem Fall handelt es sich um ein elegantes Bier, bei dem sich die typischen Noten dieses Bierstils sehr gut mit denen des Bourbonfasses verbinden.

Verkostung

Auge: *mahagonifarben mit rubinroten Reflexen, wenig stabile, weiße Schaumkrone.*
Nase: *Karamell, Himbeermarmelade, Vanille und Lemon Curd, der mit der Zeit immer kräftiger wird.*
Gaumen: *in erster Linie Vanille; es wiederholen sich fast alle Aromen, die unter „Nase" präsent waren, mit kräftigeren Gewürznoten (Ingwer). Langer Abgang, bei dem der präsente Alkohol mit dem Karamell und leichten Metallnoten verschmilzt.*
Gesamteindruck: *Die typische Struktur des Barley Wine gleicht ein wenig die Holz- und Vanillenoten der Fassreifung aus. Komplex, aber nicht für jedermann.*

Telemachus

Stil: *AMERICAN WILD ALE – SOUR DARK ALE BARREL AGED*

Alkoholgehalt: *7,5 % vol.*
Gärung: *spontan*
Flasche: *0,75 Liter mit Champagnerkorken*

Hersteller: *Pen Druid Brewing*
Herkunft: *Rappahannock, Virginia (USA)*

Pen Druid Brewing ist eine amerikanische Brauerei, die 2015 von drei Brüdern in Virginia gegründet wurde. Der Name Pen Druid stammt vom alten Bauernhof der Familie, der nur wenige Kilometer von der Brauerei entfernt ist. Das Projekt ist ambitioniert: Fermentation und Reifung finden ausschließlich in Fässern statt, verwendet wird nur wilde Hefe, die auf dem eigenen Land „kultiviert und gesammelt" wird, die Gärung erfolgt in der Flasche oder im Fass. Die gesamte Produktionsanlage wird mit Holz befeuert. Das Ergebnis ist eine Auswahl im Stil des American Wild Ale in limitierter Herstellung.

Das Telemachus ist ein Sour Dark Ale mit vielen Zutaten der Umgebung, vom Brunnenwasser bis hin zur Hefe und zum Hopfen (sofern verfügbar), es gärt und reift fünfzehn Monate lang im Fass. Das Resultat ist eine Art „American Oud-Bruin", das auch in die Kategorie der Sauerbiere gepasst hätte. Ein vielseitiges Bier, eine mutige Novität, die uns den Weg in die Zukunft weist, mit einem Modus Operandi, der der Vergangenheit zuzwinkert.

Verkostung

Auge: *ein schwach getrübtes Braun mit einer beigefarbenen, wenig stabilen üppigen Schaumkrone.*

Nase: *Trockenobst, Rosine, balsamische Noten mit schwachem, stärker werdendem Karamell.*

Gaumen: *im Antrunk leichte Säure, die Noten von Himbeere, Brombeere, Rosine und Karamell Raum geben.*

Gesamteindruck: *Spritzigkeit und Körper – mit einer dezenten Säure – machen aus diesem Bier einen Freizeitgenuss; trotz der 7,5 % vol. sehr süffig*

2013

Lambic

Lambic-Biere sind im Allgemeinen „Sauerbiere mit Spontangärung“, dennoch ist Lambic ein besonderes Bier, das sowohl in Belgien als auch in der EU als typisches Produkt der Gegend um Brüssel, des Pajottenlands im Sennetal, geschützt ist. Die Spontangärung findet ohne Impfung mit Brauhefe statt, die Würze kühlt unter freiem Himmel in großen sogenannten Kühlschiffen ab und nimmt autochthone Hefen und Mikroorganismen auf, die in den Brauereien auf natürliche Weise vorkommen. Jede Brauerei hat ein spezielles Mikroklima, das andernorts schwer reproduzierbar und damit auch unverkennbar ist.

Für die Lambic-Herstellung wird extra gealterter Hopfen verwendet, und in den Fässern setzen die Mikroorganismen ihre Arbeit oft über Jahre hinweg fort, um uns saure und komplexe Biere zu schenken, deren strenger Geruch für Neulinge meist befremdlich ist.

Am Ende des Reifeprozesses kann ein echtes, unverschnittenes Lambic direkt aus dem Fass serviert werden. Lambics können auch verschnitten werden, um beispielsweise die Oude Geuze (Verschnitt aus reifem und jungem Lambic, der zur zweiten Gärung ohne Zuckerzusatz in Flaschen abgefüllt wird) zu erzeugen. Es gibt auch Geuze mit Zuckerzusatz und Fruchtlambics, denen während des Reifeprozesses Früchte (meist Kirschen oder Himbeeren) beigemengt werden, damit die Hefen und Bakterien auch den Fruchtzucker der Früchte vergären. Sie werden wie Geuze verschnitten und in Flaschen weiter vergoren.

Geuze
Boon
LEMBEEK
2014
GEUZE
Mariage
Parfait
boon

Geuze Mariage Parfait

Stil: *OUDE GEUZE*

Alkoholgehalt: *8 % vol.*
Gärung: *spontan*
Flasche: *0,375 Liter mit Champagnerkorken*
Hersteller: *Brouwerij Boon*
Herkunft: *Lembeek (Belgien)*

Mitte der 1970er-Jahre übernahm Frank Boon eine historische Brauerei in Lembeek, die vermutlich schon 1680 aktiv war und ab Ende des 19. Jahrhunderts Lambic herstellte. In einer Zeit, als Lambic nicht mehr in Mode war, taufte Frank Boon die Brauerei auf seinen Namen und schaffte mit seiner Geuze eine weltweit anerkannte Markenikone.
Boon ist kein „hipper“ Lambic-Brauer, im Gegenteil! Gerade deshalb – neben der Tatsache, dass er „Lambiek“ im Dörfchen Lembeek herstellt – verdient er es, erwähnt zu werden. Zudem bringt er große Produkte – wie Mariage Parfait – mit optimalem Preis-Leistungs-Verhältnis auf den Markt, aber auch Klassiker in 250-ml-Flaschen zu sehr moderaten Preisen.
Mariage Parfait ist eine klassische Oude Geuze (also ohne Zuckerzusatz) mit hohem Alkoholgehalt, bei dem drei Jahrgänge der besten alten Lambics mit einem jungen Lambic „verheiratet“ werden. Es ist in der Tat eine „perfekte Hochzeit“ aus 95 % gereiften Lambics, die Frank persönlich auswählt, und 5 % eines jungen Lambics. Nach der zweiten Gärung in der Flasche und einer Ruhephase von einigen Monaten kommt die Geuze, die zwanzig Jahre gelagert werden kann, auf den Markt. Ein komplexes, vielseitiges Bier, ausgewogen und echt, ein erhabener Prototyp dieses Stils.

Verkostung

Auge: *goldgelb mit bernsteinfarbenen Reflexen, naturtrüb mit instabiler, weißer Schaumkrone.*
Nase: *Zitrusfrüchte, Zitronenschale, grüner Apfel gefolgt von Pfirsich und Vanille, Leder- und Kellergeruch.*
Gaumen: *astringierend und sauer mit einem Aroma aus reifen Früchten, Vanille, fast holzig.*
Gesamteindruck: *ein sehr komplexes Bier, aber süffig, und es hinterlässt einen frischen Geschmack.*

OUDE GEUZE
EST. 2016
BRETT-ELLE

Brett-Elle

Stil: *OUDE GEUZE*

Alkoholgehalt: *5,5 % vol.*
Gärung: *spontan*
Flasche: *0,375 Liter mit Korken und Kronkorken*

Hersteller: *Lambiek Fabriek*
Herkunft: *Sint-Pieters-Leeuw (Belgien)*

Die Lambiek Fabriek entstand 2016 als Projekt der drei Freunde Jozef Van Bosstraeten, Jo Panneels und Stijn Ecker. Die Lambic-Liebhaber begannen im Jahr 2000 hobbymäßig mit eigenen Verschnitten zu experimentieren, für die sie Lambics verschiedener Hersteller verwendeten. Mit der Zeit wurde ihr Hobby immer kostenintensiver und raumfordernder, und deshalb sahen sich die Freunde gezwungen, über eine professionelle Produktion nachzudenken. Hilfe kam von Jo van Aert von der Brauerei Belgoo, und die Lambiek Fabriek konnte die Produktion aufnehmen.

Brett-Elle ist das erste Produkt der Lambiek Fabriek und eine Oude Geuze der neuen Generation. Die ersten Verschnitte sind das Ergebnis eines jungen, ein- bis zweijährigen und eines mindestens vierjährigen Lambics, der (anders wäre es zeitlich nicht möglich gewesen) aus einer anderen Brauerei stammt. Die Fässer lagern in der Brauerei Belgoo. Es ist ein Produkt, das mit den Jahren und mit weiteren Produktionen sicherlich seinen eigenen Charakter entwickeln wird. Die Geuze hat eine angenehme Säure und interessante Fruchtnoten. Die Lambiek Fabriek ist sogleich in den H.O.R.A.L. (Hoge Raad voor Ambachtelije Lambikbieren) eingetreten, in den hohen Rat der traditionellen Lambic-Biere, der zum Zweck der Förderung und des Schutzes des traditionellen Lambics und seiner Derivate gegründet wurde.

Verkostung

Auge: *goldgelbe Farbe, leichte Naturtrübe und wenig stabile, weiße Schaumkrone.*
Nase: *fein und wenig komplex, grüner Apfel, Zitrone, Trockenaprikosen, holzartig.*
Gaumen: *leicht stechende Säure, Zitronenschale, leichte Bittere, Akzente von Brett.*
Gesamteindruck: *ein süffiges, erfrischendes und weiches Bier mit geringer Geschmacksintensität.*

Red Sour Ale with pronounced
cascade of beautiful, complex
fermentation imbues Rouge
apple and cherries. Oak
18 months imparts a gentle
Full-bodied and delicious
SOUR ALE
Product of Belgium
Barrel Aged
BIERE DE
FOUDRE

Weitere Sauerbiere

Neben den Lambics gibt es weitere Sauerbiere, traditionell oder nicht, die es verdienen, vorgestellt zu werden. Das sind unter anderem die Berliner Weiße und das Flanders Red Ale (die in dieser Kategorie als Beispiele moderner Interpretationen vorgestellt werden), das Oud Bruin, die Gose und das American Wild Ale.

- *Oud Bruin* ist ein typisches Bier aus Flandern mit „süß-saurem“ Charakter, der durch eine Mischgärung (Hefen, Milchsäurebakterien und Acetobacter) entsteht, während es in Stahltanks reift; im Vergleich zum Flanders Red ist es milder, stärker und (durch dunkles Malz) braun. Ein historischer Bierstil aus dem 17. Jahrhundert.
- Die *Gose* ist ein historisches Bier aus der deutschen Stadt Goslar in Niedersachsen. Es feierte seine größten Erfolge Ende des 19. Jahrhunderts in Leipzig, als es dort über achtzig „Gose-Häuser“ gab, und war nach dem Zweiten Weltkrieg mit Gründung der DDR verschwunden. Das Bier wurde einst mit dem salzhaltigen Wasser der Gose unter Spontangärung gebraut. Heute wird das Salz beigemischt und die leichte Säure entsteht durch die Mischgärung mit Milchsäurebakterien. Diese Biere verfügen über einen hohen Weizenanteil und werden mit Koriandersamen gewürzt.
- Der Begriff *American Wild Ale* beschreibt einen allgemeinen Bierstil, der durch verschiedene Mikroorganismen und wilde Hefen charakterisiert ist. Diese amerikanischen „Wild-Biere“ sind in ihrer Gesamtheit nicht mit den klassischen europäischen Sauerbieren vergleichbar.

CRIANZA
III
BRASSERIE DE LA SENNE
33 cl
MADE IN BRUSSELS BELGIUM
BIER/BIERE/BEER/ALE/BIRRA DOPPIO MALTO/CERVEZA

Crianza III

Stil: *FLANDERS RED ALE*

Alkoholgehalt: *7,4 % vol.*
Gärung: *obergärig und gemischt*
Flasche: *0,33 Liter mit Kronkorken*

Hersteller: *Brasserie de la Senne*
Herkunft: *Brüssel (Belgien)*

Flanders Red Ales sind typisch belgische Biere, genauer gesagt aus Westflandern. Es handelt sich um komplexe Sauerbiere, die von weinähnlicher Säure und charakteristischen Noten der Holzfässer dominiert werden. Die Reifung – üblicherweise zweijährig – in großen Bottichen aus Eichenholz ist maßgeblich für diesen Stil und wird durch Saccharomyces, Brettanomyces, Lactobacillus und Acetobacter geprägt.

Bernard Leboucq und Yvan de Baets hatten bereits 2003 begonnen, Bier herzustellen, aber es gelang ihnen erst im Jahr 2010, nach einigen Ortswechseln, ihre eigene Brauerei in Brüssel zu eröffnen, die sie zu Ehren des nahe gelegenen Flusses „Brasserie de la Senne" tauften.

Das Crianza III ist ein Flanders Red Ale, das seinen Geschmack durch eine einjährige Mischgärung im Bottich entwickelt. Es ist nicht ganz so gewagt wie traditionellere Biere dieses speziellen Typs, aber man kann es als zeitgenössische Interpretation dieses Stils betrachten.

Verkostung

Auge: *dunkle Bernsteinfarbe mit leuchtenden Reflexen, trüb, mit weißer, stabiler Schaumkrone.*

Nase: *Zitrone, grüner Apfel, rote Früchte, Nuancen von Karamell und Pflaume.*

Gaumen: *anhaltende Zitrussäure, rote Früchte mit schwacher Gewürznote, ausgewogen durch die Süße von reifen Früchten und Karamell; trockener Abgang mit schwachen Tanninen.*

Gesamteindruck: *Für ein Red Flemish Ale ist es sehr kultiviert, die Essig- und Weinnoten sind kaum vorhanden, sehr vorsichtig macht sich eine flippige Note breit, wenn man dem Bier im Glas etwas Zeit zum Erwärmen und Atmen lässt.*

TRUE AUTHENTIC
BERLINER WEISSE
STONE
GHOST
Berliner
WEISSE
BERLIN · GERMANY

White Ghost

Stil: *BERLINER WEISSE*

Alkoholgehalt: *4,7 % vol.*
Gärung: *obergärig*
Dose: *0,75 Liter*

Hersteller: *Stone Brewing*
Herkunft: *Berlin (Deutschland)/ Escondido, Kalifornien (USA)*

Die Berliner Weiße war schon fast vom Aussterben bedroht, doch sie wurde von Craftbier-Brauereien und Hobbybrauern gerettet. Ein Bier mit niedrigem Alkoholgehalt und hohem Weizenanteil und Milchsäuregärung, die die Gärung mit klassischen Kulturen ergänzt; ein schwach gehopftes und süffiges Bier. Früher wurde sie mit Himbeer- oder Waldmeistersirup serviert, heute wird die Säure durch die Zugabe von Früchten während des Gärprozesses ausgeglichen.
Stone Brewing ist eine 1996 gegründete kalifornische Brauerei. Mit den Jahren wurde die Brauerei zu einer der größten Craftbier-Brauereien der Vereinigten Staaten. 2016 eröffnete sie eine Filialbrauerei in Berlin mit gigantischem Barbereich, um in Deutschland Fuß zu fassen. Das Experiment endete 2019 mit der Übernahme der Stone Brewing-Berlin durch die Schotten von BrewDog. Kann es sein, dass der Erfolg einer Craftbier-Brauerei stark von der Kenntnis der örtlichen Gegebenheiten abhängt?
Das White Gost ist eine Berliner Weiße der modernen Generation mit einem sehr sauberen Milchsäureanteil und erhöhtem Alkoholgehalt. Auch die Abfüllung in Dosen unterstreicht die moderne Überarbeitung dieses Klassikers.

Verkostung

Auge: *strohgelbe Farbe, naturtrüb, üppige, nicht sehr stabile, weiße Schaumkrone.*
Nase: *Aprikose und gelbe Früchte, Zitrone mit Unterton aus tropischen Früchten und grünem Apfel.*
Gaumen: *schlanker Körper, sehr spritzig, Zitrone, grüner Apfel, Aprikose und weiße Trauben, leicht stechende Säure.*
Gesamteindruck: *Die Frische prallt gegen den Alkohol, der über dem Durchschnitt dieses Stils liegt.*

Product of Belgium
Cuvée des Jacobins
Rouge
BIER BEER BIERE

Cuvée des Jacobins Rouge

Stil: *FLEMISH SOUR ALE – BIÈRE DE FOUDRE*

Alkoholgehalt: *5,5 % vol.*
Gärung: *spontan*
Flasche: *0,33 Liter mit Kronkorken*
Hersteller: *Brouwerij Omer Vander Ghinste*
Herkunft: *Bellegem (Belgien)*

Die Brauerei Omer Vander Ghinste liegt in Westflandern und ist seit Ende des 19. Jahrhunderts in Betrieb. Die Brauerei wird seit fünf Generationen von der Familie Vander Ghinste geführt; zwischen 1976 und 2014 war sie in Brasserie Bockor umbenannt, um vom Erfolg ihres Bockor Pils zu profitieren, danach griff man den historischen Namen der Brauerei wieder auf.
Das Cuvée des Jacobins Rouge könnte von einem Laien aufgrund der Spontangärung und der Reifung in Fässern aus französischer Eiche für ein Lambic gehalten werden, aber der Produktionsort, die kürzere Fassreifung (18 Monate statt drei Jahre) und vor allem eine andere Rezeptur machen dieses Bier eindeutig zu einem Flanders Red Ale. Wie das Etikett zeigt, handelt es sich um ein „Flemish Sour Ale“, also um flämisches Sauerbier, genauer gesagt um ein rotes „Foederbier“ (Foeder oder Foudre auf Französisch bedeutet „großes Fass“). Der Name verweist auf das Jakobinerkloster in Paris, das den Anhängern Robespierres nach dem Beginn der Französischen Revolution 1789 als Versammlungsort diente, weil sich der erste Omer der Vander-Ghinste-Dynastie während des Ersten Weltkriegs eine Weile dort aufhielt.

Verkostung

Auge: *braun mit rubinroten Reflexen, leichte Trübung, instabile, beigefarbene Schaumkrone.*
Nase: *Kirsche, Karamell, Trockenobst und Leder, Noten von Wein und Holz.*
Gaumen: *zitronen- und essigartige Säure, Karamell, Kirsche, Leder und Weinnoten.*
Gesamteindruck: *typische Säure, dezent und durch die Süße des Karamells ausgewogen.*

ALE BREWED WITH SATSUMA
2015
autumn

Fruchtbiere

Bereits in der Antike wurden den Bieren Früchte zugesetzt, was damals den Zweck erfüllte, das Bier geschmackvoller und reichhaltiger zu machen. Die Fruchtlambics enthielten per se schon immer Fruchtzusätze, doch mittlerweile ist es in Mode gekommen, unterschiedlichsten Bieren Früchte beizumengen.
Werden Früchte zugesetzt, ohne den typischen Geschmack merklich zu verändern, spricht das Beer Judge Certification Program (BJCP) von „Fruit Beer", welches aber keine sauren oder Fassnoten enthalten darf: Nur klassische Biere mit Fruchtzusatz fallen unter die Bezeichnung.
Neben Früchten können diesen Bieren auch Gewürze zugesetzt werden, dann werden sie laut BJCP als „Fruit and Spice Beer" definiert. Auch hier muss die Ausgewogenheit gewahrt werden. Das Bier muss immer als solches zu erkennen sein und darf kein Bier-Mixgetränk darstellen. Gibt es neben den Früchten weitere Zutaten (Honig oder Melasse) oder andere Produktionsprozesse, spricht man von „Speciality Fruit Beer", und hier gibt es so viele Neuheiten, dass das BJCP kaum hinterherkommt.
Bei den Sauerbieren ist der Einsatz von Früchten explodiert (von der Berliner Weiße bis zum American Wild), zuweilen mit großer Experimentierfreudigkeit. Es sind Traubenbiere entstanden, die als „Italian Grape Ale" bezeichnet werden wollen. Den India Pale Ales (IPA) werden Früchte zugesetzt, um das Aromaprofil des Hopfens zu betonen.
Auch dem fassgereiften Barley Wine werden Früchte zugesetzt. Man darf also gespannt sein!

WICKED WEED
FUNKAT
BRETTANOMYCES FARMHOUSE ALE
FERMENTED WITH CHERRIES

Ferme de Chien

Stil: *FARMHOUSE ALE + KIRSCHE*

Alkoholgehalt: *5,3 % vol.*
Gärung: *obergärig und Brettanomyces*
Flasche: *0,35 Liter mit Kronkorken*

Hersteller: *Wicked Weed Brewing*
Herkunft: *Asheville, NC (USA)*

Wicked Weed Brewing öffnete 2012 in Asheville seine Pforten, mit dem Ziel, neben stark gehopften Bieren im amerikanischen West-Coast-Stil auch Biere im belgischen Stil mit Gärung und Reifung im Fass zu brauen. 2013 eröffnete die Brauerei eine Filiale, um ihr Angebot an fassgereiften Bieren zu erweitern und damit ein wichtiger amerikanischer Produzent fassgereifter Sauerbiere zu werden. Wicked Weed wurde allerdings nach nur fünf Jahren nach der Gründung vom Brauerei-Giganten ABInBev übernommen und ist damit nur noch eine Marke der Gruppe. Die Craftbier-Welt verlor einen weiteren Stützpfeiler.
Das Ferme de Chien ist ein leicht gehopftes Saison-/Farmhouse-Bier, mit Brettanomyces veredelt und in Eichenfässern gereift. Während des Gärprozesses erfolgt die Zugabe frischer Sauerkirschen der Sorte Balaton ungarischen Ursprungs im Verhältnis „1 lb pro Gallone" (rund 450 Gramm Kirschen auf 3,8 Liter). Trotz des an belgische Biere erinnernden Namens ist es kein Kriek Lambic.

Verkostung

Auge: *schön kräftiges Rubinrot, klar, mit dünner, wenig stabiler rosaroter Schaumkrone.*
Nase: *kräftige Kirsche, Brombeere und Waldfrüchte mit leicht floraler, würziger Note.*
Gaumen: *angenehme Säure, Kirsche, Brombeere, Holz, Leder mit adstringierendem Abgang.*
Gesamteindruck: *elegantes, frisches Bier, dem das Rustikale eines Farmhouses fehlt.*

FARMHOUSE ALE BREWED WITH SATSUMA
2015
1 PT. 9 FL. OZ.

Dichotomous 2015 Autumnal

Stil: *FRUIT AND SPICE BEER (FARMHOUSE ALE + SATSUMA)*

Alkoholgehalt: *6,8 % vol.*
Gärung: *Wildhefe*
Flasche: *0,75 Liter mit Kronkorken*
Hersteller: *Jester King Brewery*
Herkunft: *Austin, Texas (USA)*

Die texanische Brauerei Jester King definiert sich als „Farmhouse Brewery", die Farmhouse-Biere mit Saisonhefe braut und sich auch Produktionen mit Misch- und Spontangärung zugewandt hat. Wenn immer möglich werden regionale Produkte verwendet, auch dank des Farmlands, das in der Umgebung zugekauft wurde. 2011 boten sie der Texanischen Alkoholkommission die Stirn, die einem ihrer Produkte die Bezeichnung „Bier" absprechen wollte. Sie waren erfolgreich und wurden bekannt. Ihr Bier hat alles, was ein Bier braucht, das steht außer Frage. Bei Jester King brauen sie Bier, das ihnen selbst schmeckt, und das für alle, die ihren Geschmack teilen.
Das 2015 Autumnal ist das siebte aus der Dichotomous-Serie. Wie der Name vermuten lässt, wird es im Herbst aus Saisonprodukten der Umgebung gebraut. Dieses Farmhouse Ale wird zum Ende der Gärung mit Saft und Schale texanischer Satsumas sowie Zimtstangen veredelt und weitere zwei Woche vergoren. Das natürlich hergestellte Bier genießt man am besten zur passenden Jahreszeit, und das ist der Herbst.

Verkostung

Auge: *goldgelb mit orangefarbenen Reflexen, naturtrüb, üppige weiß-orangefarbene, wenig stabile Schaumkrone.*

Nase: *Zitrusnoten, Mandarine, reife Früchte (Birne und Banane), starke Zimtnote.*

Gaumen: *kohärent mit dem Eindruck der Nase, mineralisch, Säure vom grünen Apfel, sehr trockener Abgang. Der Zimt und die Gewürze verlieren sich in der Komplexität des Geschmacks.*

Gesamteindruck: *interessantes Geschmackspotpourri, aber wenig Eleganz; die Gewürze kommen am besten zur Geltung, wenn es frisch getrunken wird.*

CoolHead
×
FUERST WIACEK
BERLIN
BiZARRE
lOVE
TRiANGLE
ALC.VOL.
7%

Bizarre Love Triangle

Stil: *(NORDIC) SOUR + FRUCHT (MANGO, PASSIONSFRUCHT, PFIRSICH)*

Alkoholgehalt: *7 % vol.*
Gärung: *obergärig*
Dose: *0,33 Liter*

Hersteller: *Coolhead Brew*
Herkunft: *Tuusula (Finnland)*

Coolhead Brew ist eine finnische Brauerei der neuesten Generation, die 2016 in Tuusula eröffnet wurde und auf Sauerbier – oder „Nordic Sour“, wie sie selbst ihre Produkte nennen – spezialisiert ist. Diese nordischen Sauerbiere sind frisch, sauber und minimalistisch, aber ein wenig exotisch und innovativ. Viele Biere entstehen in Zusammenarbeit mit anderen Brauereien und mit unkonventionellen Zutaten.
Bizarre Love Triangle ist das Produkt der Zusammenarbeit mit Fuerst Wiacek (Craftbier-Brauerei in Berlin). Es ist ein (nordisches!) Sauerbier mit Obstsalat ... pardon, mit Passionsfrucht, Mango, Pfirsich und rotem Salz aus dem Himalaya.

Verkostung

Auge: *intensives Gelb, trüb mit sehr dünner, weißer Schaumkrone.*
Nase: *starkes Pfirsicharoma mit Noten von Passionsfrucht, Mango und Gras, die langsam anklingen.*
Gaumen: *Die dezente Säure wird überragt vom Pfirsich, der Mango und von einem langen Abgang aus Ananas. Die krautigen Noten sind wenig präsent und dienen zur Verstärkung des Geschmacks.*
Gesamteindruck: *Trotz des Alkoholgehalts ist es ein süffiges Bier, das einen angenehm sauberen und fruchtigen Geschmack hinterlässt. Minimalistisch trotz der Komplexität der Zutaten.*

TORPEDO
65 IBU
SIERRA NEVADA
TORPEDO
EXTRA IPA
alc. 7.2% vol.

India Pale Ale

Das India Pale Ale mit dem berühmten Akronym IPA hat seine „mythologischen“ Wurzeln in der starken Hopfung, die dazu diente, das geliebte Pale Ale für die lange Reise zu den Grenzen des britischen Kolonialreichs haltbar zu machen. Tatsächlich wird das „Pale Ale, zubereitet für das Ost- und Westindische Klima“ 1835 in der Zeitung Liverpool Mercury zum ersten Mal erwähnt. Gebraut hat man es allerdings auch schon vorher. Ende des 17. und Anfang des 18. Jahrhunderts war Hodgson von der Bow Brewery in London der berühmteste Produzent und Exporteur des IPA, auch dank der strategisch guten Lage nahe den Docks an der Themse. Als man die Produktion des Pale Ale aus wirtschaftlichen Gründen und aufgrund verbesserter Transportsysteme von London nach Burton upon Trent verlegte, stellte man fest, dass das dort gebraute Bier besser schmeckte. Schnell entdeckte man, dass das am besonderen Wasser von Burton lag, das sehr gipshaltig war. Daraufhin gingen auch andere Brauer aus England – und später weltweit – dazu über, das Brauwasser für ihre Pale Ales und IPAs zu „burtonisieren“.

Die zeitgenössischen IPAs sind sehr stark von den amerikanischen Brauern beeinflusst, die sie neu interpretierten und die wegen des aromatischen amerikanischen Hopfens sehr gut schmecken. Auf dem Weg von der Alten in die Neue Welt und wieder zurück wurde dieser Stil erneuert und bereichert – mit Dutzenden Nuancen, die die Begeisterung für dieses mythische IPA immer wieder neu entfachen.

BREWDOG
PUNK IPA
POST MODERN CLASSIC
BREWDOG.COM/EQUITYFORPUNKS
FIND OUT MORE ABOUT OWNING A PART OF
ALC. VOL.

Punk IPA

Stil: *INDIA PALE ALE*

Alkoholgehalt: *5,6 % vol.*
Gärung: *obergärig*
Flasche: *0,33 Liter mit Kronkorken*
Hersteller: *BrewDog*
Herkunft: *Schottland (UK)*

Dieses Bier ist eine Ikone der bösen schottischen Jungs von der BrewDog Brewery und eine zeitgenössische Überarbeitung dieses Stils.
Die Verwendung von vornehmlich amerikanischem Hopfen macht es von der Sache her zu einem amerikanischen IPA, obwohl eine Reduzierung darauf gerade beim Punk IPA schwierig ist. Auf jeden Fall ist es ein „postmoderner Klassiker", wie die Brauer selbst ihr Bier definieren und diesen Synkretismus benutzen, um die Wiederaufnahme britischer Historie unter gleichzeitiger Huldigung – oder geschickter Ausnutzung – des sehr angesagten Hopfens der Neuen Welt zu unterstreichen. BrewDog ist bekannt für seine oft extremen Marketingkampagnen und internationales Vorbild vieler Craftbier-Brauereien, die sich den IPAs verschrieben haben.

Verkostung

Auge: *kräftiges Goldgelb, leicht trüb, mit weißer, mäßig stabiler Schaumkrone.*
Nase: *Malz, Karamell, Harz, exotische Früchte (Mango und Ananas), Zitronenschale, würzige Noten.*
Gaumen: *Von der Hopfenbittere dominiert, wiederholen sich die Aromen der Nase mit Noten von Orange und Grapefruit.*
Gesamteindruck: *vornehmlich bitter, aber nicht übertrieben und sehr süffig.*

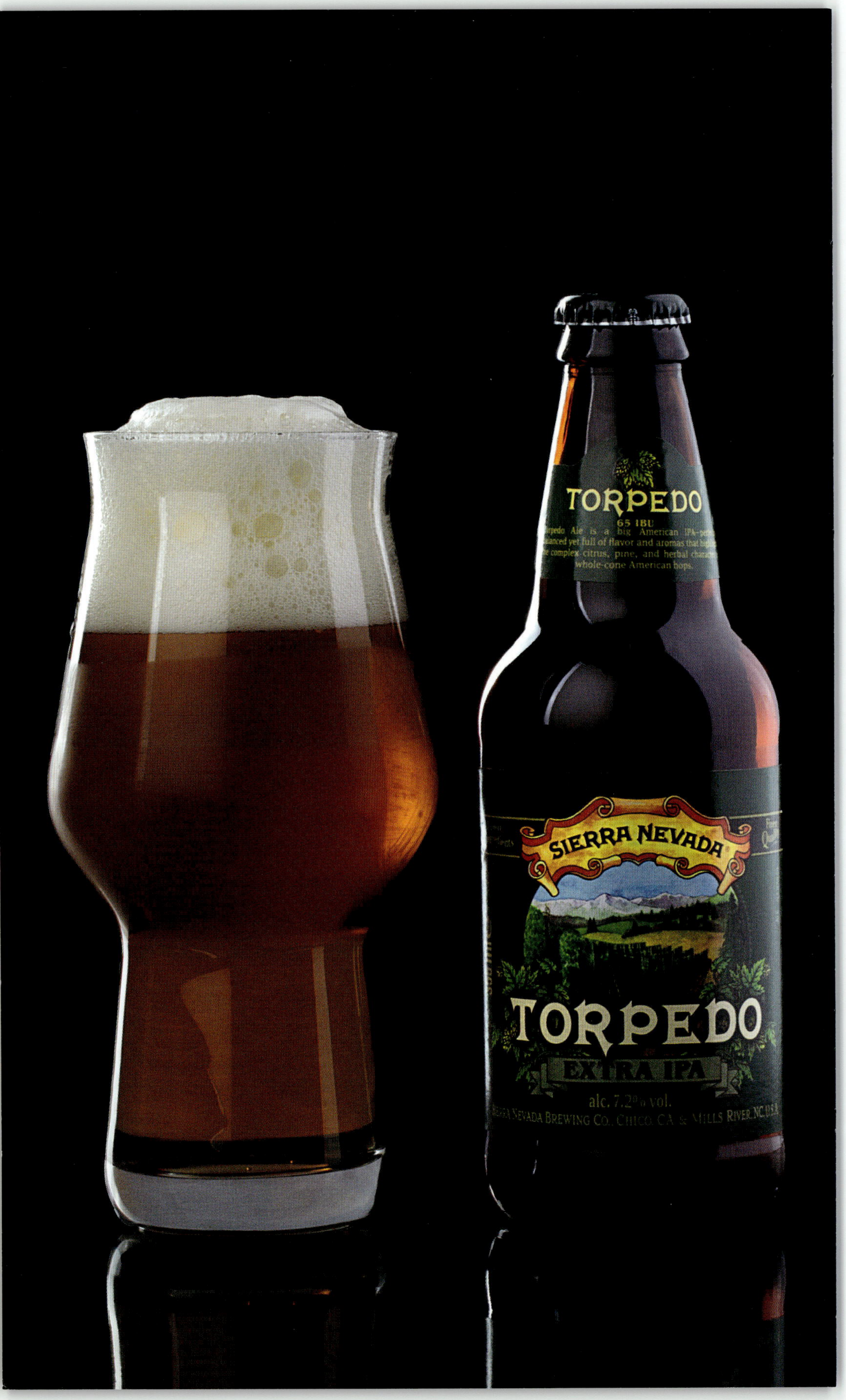
TORPEDO
65 IBU
SIERRA NEVADA
TORPEDO
EXTRA IPA
alc. 7.2% vol.

Torpedo

Stil: *INDIA PALE ALE*

Alkoholgehalt: *7,2 % vol.*
Gärung: *obergärig*
Flasche: *0,335 Liter mit Kronkorken*

Hersteller: *Sierra Nevada*
Herkunft: *Chico, Kalifornien (USA)*

Die kalifornische Sierra Nevada Brewing Co. ist eine der ersten Großen in der „Renaissance" der amerikanischen Brauereien und gilt als legendär. Die Brauerei wurde Anfang der 1980er-Jahre gegründet und wuchs proportional zur amerikanischen Craftbier-Bewegung exponentiell; sie gilt als Geburtsort des APA (American Pale Ale) und beeinflusste die globale Bierbrauerszene durch die Verwendung amerikanischen Hopfens.
Das Torpedo entstand offiziell aus der Idee, das Dry-Hopping für die Herstellung zu verwenden, um auch die Aromen des Hopfens hervorzuheben, nicht nur die Bittere. Es war aber auch ein Versuch, das Image der Brauerei zu „entstauben". Tatsächlich ist das Torpedo nicht die bittere Bombe, wie viele andere Biere dieser Kategorie: Der aromatische, harzige und krautige Anteil des Hopfens ist in der Tat sehr präsent.

Verkostung

Auge: *bernsteinfarben, leicht trüb, weiße bis beigefarbene, mäßig stabile Schaumkrone.*
Nase: *Malz, Karamell, Harz, Zitrusfrüchte (vor allem Grapefruit und Zitrone) mit krautigen und floralen Noten.*
Gaumen: *Harz und Karamell sind präsenter als die Zitrusnoten, aber es sind fast alle Geschmacksnoten der Nase vorhanden. Langer, trockener, von Hopfenaromen dominierter Abgang mit malzigem Ausklang.*
Gesamteindruck: *gute Ausgewogenheit zwischen der Süße des Malzes und den leicht bitteren Harz- und Krautnoten des Hopfens; trotz des Alkoholgehalts sehr süffig.*

LIQUID DIPA
FEAR
LA PIRATA BREWING

Liquid Fear

Stil: *INDIA PALE ALE (DOUBLE IPA)*

Alkoholgehalt: *8,7 % vol.*
Gärung: *obergärig*
Dose: *0,44 Liter*

Hersteller: *La Pirata Brewing*
Herkunft: *Súria, Barcelona (Spanien)*

Die spanische Brauerei Pirata Brewing ist ein Beispiel dafür, wie das Produkt Bier – in diesem Fall stark von den amerikanischen Brauereien beeinflusst – weltweit auch in Ländern ohne Brautradition seinen Siegeszug antritt.
Das Liquid Fear zeigt, wie ein Double IPA auf spanischem Territorium als kulturelles Produkt ohne Grenzen interpretiert wird, flüssig wie die „flüssige Gesellschaft", die Zygmunt Baumann in seinem Werk beschreibt. Der Name „Liquid Fear" ist eine erklärte Hommage an den Soziologen, und vielleicht ist der Stil des Bieres (DIPA) – so amerikanisch, so modern und in aller Munde – ein kleines, leuchtendes Beispiel für die Vereinheitlichung, von der Baumann sprach. Ohne diese Hommage an die Postmoderne unterzubewerten, erinnert Liquid Fear sehr an das Punk IPA von BrewDog.

Verkostung

Auge: *kräftige Bernsteinfarbe, trüb mit beigefarbener, wenig stabiler Schaumkrone.*
Nase: *Karamell, exotische Früchte (Mango und Maracuja), Zitronenschale, Mandarine mit harzigen und würzigen Noten.*
Gaumen: *samtig, Anklang an die Aromen der Nase; Mango, Maracuja und Karamell sind dominant; langer, harziger, herber Abgang.*
Gesamteindruck: *angenehm und süffig, trotz des Alkoholgehalts, relativ ausgewogen.*

Grätze: Sottsass, Piano,
Boccioni, Manzoni,
Grignani,
Fontana, Rossi,
Scarpa &
Vignelli.

Andere Cerealien

Per Gesetz darf Bier nur Malz aus Gerste enthalten, der Mindestanteil variiert nach den jeweiligen Gesetzen der Länder. Viele historische Rezepte sehen jedoch auch die Verwendung anderer Cerealien als Gerste vor, um einen bestimmten Stil des Bieres zu charakterisieren: In Belgien gibt es das Wit/Blanche, das Lambic und seine Unterarten; Deutschland wartet mit Weißbier oder Weizenbier in all seinen Spielarten (dunkles Weißbier, Weizenbock etc.), Roggenbier, der Gose und der Berliner Weiße auf, die USA mit Weizenbier und Polen mit Piwo Grodziskie.
Drei sehr unterschiedliche Stile lassen den Horizont dieser großen Gruppe von Bieren erahnen:

• *Witbier* (Blanche auf Französisch) ist ein frisches belgisches Bier, mit einem 50-prozentigen Anteil von Weizenmalz, Orangenschalen und Koriander und einer Spezialhefe, die die Frische und Eleganz dieses Stils hervorhebt.

• *Weizenbock* ist ein deutsches Bier, die stärkere und reichhaltigere Version des klassischen Weißbieres, auch hier mit einem hohen Anteil an gemälztem Weizen. Ein kräftiges Bier mit Aromen von reifen Früchten und Estern der Hefe, mit erhöhtem Alkoholgehalt.

• *Piwo Grodziskie* ist ein historisches polnisches Bier, typisch für die Stadt Grodzisk (Grätz auf Deutsch, tatsächlich kennt man diesen Stil in Deutschland als „Grätzer“). Das Grodziskie wird zu 100 % aus geräuchertem Weizen hergestellt und ist durch feine Raucharomen und einen sehr niedrigen Alkoholgehalt charakterisiert.

FLEUR
Sofronia
Blanche con Ibisco
M·C
77
Alc. 5% Vol

Fleur Sofronia

Stil: *BLANCHE + HIBISKUS*

Alkoholgehalt: *5 % vol.*
Gärung: *obergärig*
Flasche: *0,33 Liter mit Kronkorken*
Hersteller: *MC77*
Herkunft: *Macerata (Italien)*

MC77 ist eine Brauerei in den Marken, die 2013 von Cecilia Scisciani und Matteo Pomposini offiziell ins Leben gerufen wurde, nachdem es die leidenschaftlichen Hobbybrauer geschafft hatten, ihre Passion zum Beruf zu machen. Jahr für Jahr ist es ihnen gelungen, sich in der Bierlandschaft Italiens besonders hervorzutun, und sie erhielten verschiedene Auszeichnungen. Fleur Sofronia ist ein überarbeitetes Blanche, das durch seine klassische Würzung dem Stil treu bleibt, aber mithilfe der Zugabe von ganzen Hibiskusblüten aus Nordafrika mehr Eleganz erhält. Auf diese Weise ist ein preisgekröntes Bier mit klassischem Rezept entstanden, das durch diese exotische Zutat die Aufmerksamkeit vieler Bierfans auf sich zieht.

Verkostung

Auge: *intensive rosa Farbe, trüb, üppige, instabile, weiße Schaumkrone mit rosafarbenen Reflexen.*

Nase: *leicht krautiges Aroma, begleitet von würzigen Anteilen und Noten von Mandarine, Hibiskus sowie einem eleganten floralen Bouquet.*

Gaumen: *Nach einem säuerlichen Auftakt wiederholen sich die floralen Noten der Nase, bereichert um eine salzige Note, die sich mit den Fruchtnoten verbindet. Der Abgang ist ebenfalls leicht säuerlich und hinterlässt ein sauberes Mundgefühl.*

Gesamteindruck: *Die Eleganz dieses Bieres, angefangen mit der Farbe im Glas bis hin zu Bouquet und Geschmack, ist das charakterisierende Element. Der schlanke Körper und die angenehme Spritzigkeit komplettieren das Bild. Ein einzigartiges Beispiel für eine gelungene Modernisierung eines Klassikers.*

SCHNEIDER WEISSE
TAP 6
SCHNEIDER WEISSE
G. Schneider & Sohn
Brewed in 2012

Aventinus Tap 6

Stil: *WEIZEN(DOPPEL)BOCK*

Alkoholgehalt: *8,2 % vol.*
Gärung: *obergärig*
Flasche: *0,33 Liter mit Kronkorken*

Hersteller: *Schneider Weisse*
Herkunft: *Kelheim (Deutschland)*

Die G. Schneider & Sohn GmbH ist ein legendäres bayerische Brauereiunternehmen, das 1872 von Georg Schneider I. gegründet wurde und bis heute mit dem aktuellen Geschäftsführer Georg Schneider VI. in Familienbesitz ist. Es wird ausschließlich Weißbier mit Weizen aus Bayern gebraut, eine Tradition, die über zwei Weltkriege hinweg bis heute Bestand hat.
Der Aventinus ist einzigartig in der Gattung der Weißbiere. 1907 war dieses Bier das erste Weizenbock Bayerns. Bis heute ist es das älteste bekannte Weizendoppelbock und ein Muss für alle Weißbierkenner und Liebhaber dieses Stils.

Verkostung

Auge: *braun mit rubinroten Reflexen, leicht naturtrüb mit üppiger hellbeiger, mäßig stabiler Schaumkrone.*
Nase: *Brotkruste, Rosine, reife Pflaume, Banane und Karamell.*
Gaumen: *Es wiederholen sich die Aromen des Bouquets mit Banane, Birne, Karamell, Brotkruste, Rosine und Pflaume. Gute Ausgewogenheit mit einem warmen Abgang, mit einer schwachen Gewürznelkennote.*
Gesamteindruck: *ein komplexes, süffiges Bier mit einer kaum wahrnehmbaren Bittere, das ein volles, befriedigendes Gefühl im Mund hinterlässt; ein großer Klassiker, den jeder Bierliebhaber kennen und probieren sollte.*

Grätze: Sottsass, Piano,
Boccioni, Manzoni,
Grignani,
Fontana, Rossi,
Scarpa &
Vignelli.
Grätze mille.
Ale Brewed
Oranges. 11.2 fl oz.
A salty, sour and smoky experience.
honour the boot country, with zesty
oranges per 1000 liters. Grazie mille...

Grätze Mille

Stil: *GRODZISKIE*

Alkoholgehalt: *4 % vol.*
Gärung: *obergärig*
Flasche: *0,33 Liter mit Kronkorken*
Hersteller: *To Øl*
Herkunft: *Dänemark*

To Øl ist ein dänisches Projekt, das aus einer Vision von Tore Gynther entstand. Wie viele andere begann auch Tore 2015 als Hobbybrauer. 2010 gründete er To Øl, eine Art „Wanderbrauerei". In Ermangelung einer eigenen Anlage wurde das Bier unter Benutzung der Anlagen anderer Brauereien auf der ganzen Welt hergestellt. Nach jahrelanger Forschung und Erprobung – experimentiert wird auch heute noch – entstand 2019 To Øl City, die Brauerei To Øl in Dänemark.
Grätze Mille ist ein Grodziske, das aus Roggen und einer bemerkenswerten Menge Orangen hergestellt wird. Die Neuinterpretation dieses Stils durch Orangen soll ebenso wie der Name – ein Wortspiel aus der Bezeichnung des Bierstils und dem typisch italienischen Ausdruck „grazie mille" (tausend Dank) – an Italien erinnern. Das Etikett ist ein Tribut an italienische Persönlichkeiten und wurde von Kasper Ledet in Zusammenarbeit mit To Øl kreiert.

Verkostung

Auge: *strohgelbe Farbe, trüb, schnell verschwindende, kleine, weiße Schaumkrone.*
Nase: *Zitrusaromen (vornehmlich Orange) mischen sich mit Noten von gelben Früchten, Biskuit und geräuchertem Scamorza.*
Gaumen: *anhaltende Raucharomen, die von einer leichten Säure ausgeglichen werden, dann folgen Biskuit, Zitrusfrüchte und ein krautiger Abgang.*
Gesamteindruck: *interessante Interpretation dieses Stils; selbst wenn der Rauchweizen auf dem Papier nicht mit der Frische der Orangen harmoniert, ist das Resultat angenehm, und angenehm ist auch die leichte Säure (keine Eigenschaft des Stils), die durch den Roggen in der Rezeptur verstärkt wird.*

Brasserie
Dieu du Ciel!
PÉCHÉ MORTEL
Stout impérial au café – Imperial Coffee Stout

An den Grenzen des Bieres

In diesem Kapitel wurden sehr spezielle und originelle Exemplare zusammengetragen, die oft schwer in eine Stilkategorie einzuordnen sind. Es handelt sich um Biere, die Craftbier-Fans zum Staunen bringen, aber auch ihre Neugier wecken möchten. Mit diesen Produktionen können die Brauer ihrer Kreativität und ihrer Lust auf Neues freien Lauf lassen, und sicherlich sind sie die Ersten, die sich beim Ausdenken und Ausprobieren der Rezepte bis zur realisierbaren Reife amüsieren. Diese Biergetränke sind durch ungewöhnliche Zutaten und Herstellungsverfahren sowie riskante Kombinationen und Übertreibungen charakterisiert, die nicht zuletzt auch provozieren wollen. Es gibt sie in jeglicher Couleur, aber fast alle haben einen bestimmten Bierstil als Ausgangspunkt. Man könnte darüber debattieren, ob die Kreativszene sich von den klassischen Stilen deshalb entfernt, weil sie als „alt, langweilig und überholt" gelten, oder ob die Lust dahintersteht, einen bestimmten Stil neu zu interpretieren, den letztlich doch alle lieben. Wenn man es genau nimmt, sind zum Beispiel aus den traditionellen Pale Ales die American Pale Ales entstanden, die mit ihren Zitrusnoten auch einmal als exzentrisch und fehl am Platz erachtet wurden.

Chocolate Chiplote Cloud

Alkoholgehalt: *12,5 % vol.*
Gärung: *obergärig*
Flasche: *0,33 Liter mit Kronkorken*

Hersteller: *Brewski*
Herkunft: *Helsingborg (Schweden)*

Die schwedische Brauerei Brewski wurde 2014 gegründet und hat sich das Experimentieren auf die Fahne geschrieben. Die Verwendung von Früchten in ihren Rezepturen ist ein Leitmotiv ihrer Kreationen. Wenn ein Bier noch nie gemacht wurde, heißt das nicht, dass es nicht gemacht werden kann, auch wenn es „an den Grenzen des Bieres“ ist.

Das Chocolate Chipotle Cloud ist ein Imperial Stout, das dem Etikett zufolge eines möchte: provozieren. Eine Kloschüssel, aus der ein Atompilz in der Farbe des Bieres schießt, sollte wenig appetitanregend sein, aber genau das Gegenteil ist der Fall. Die Brauerei hat dieses Bier als Versuch herausgebracht, ob ein pikantes Bier mit erhöhtem Alkoholgehalt akzeptiert wird, und es hat sich tatsächlich gelohnt.

Verkostung
Auge: *dunkelbraune Farbe, leichte Trübung mit beigefarbener, stabiler Schaumkrone.*
Nase: *Röstmalz, Kakao, Nuancen von Pflanzen und schwache metallische Noten.*
Gaumen: *Die anhaltende Schärfe wird durch die Basissüße ausbalanciert. Der Kakao erinnert auf angenehme Weise an Chilischokolade. Der Abgang ist trocken und der Alkoholgehalt spürbar, aber nicht dominant.*
Gesamteindruck: *Die Botschaft des Etiketts scheint zu lauten: „Bist du dabei oder überlässt du diese Erfahrung den Mutigeren?“ Wir haben uns getraut und bereuen es nicht.*

Ristretto Negroni

Alkoholgehalt: *6,7 % vol.*
Gärung: *obergärig*
Flasche: *0,33 Liter mit Kronkorken*

Hersteller: *Siren Craft Brew*
Herkunft: *Wokingham (UK)*

Siren Craft Brew wurde 2013 mit dem Ziel ins Leben gerufen, viele unterschiedliche Biere zu kreieren, mit verschiedenen Zutaten, um jeden Geschmack zu treffen. Neben den Basisbieren verfolgen sie verschiedene Projekte: Ristretto Negroni ist Teil des Barista-Projekts, das 2017 entstand, um Bier mit Kaffee unabhängiger Röstereien zu veredeln.
Ristretto Negroni vereint die beiden Leidenschaften des Gründers: Kaffee und den Cocktail Negroni. Es ist ein Brut IPA mit Süßholzwurzel, Hibiskus für die Farbe, Orangenschale und Orangensaft mit Ingwer und Koriander, um an den berühmten Cocktail zu erinnern. Und zusätzlich Rwanda-Vunga-Kaffee. Sicherlich ein Produkt „an den Grenzen des Bieres". Kaffeeliebhaber werden sich fragen: „Warum die Gewürze?", und Negroni-Liebhaber werden sich fragen: „Warum der Kaffee?"

Verkostung
Auge: *goldgelb mit orangefarbenem Schimmer, kupferfarbene, instabile Schaumkrone.*
Nase: *Kaffee, Lakritz, Schwarzteeblätter, Orangenschale, Ingwer.*
Gaumen: *Leichte Säure, Kaffee und Lakritz überdecken die Ingwer- und Korianderaromen, die sich langsam entwickeln. Herber Abgang mit trockenem Finale.*
Gesamteindruck: *in der Tat eine Provokation; ein IPA von einer Komplexität, die verwirrt und erstaunt.*

Mûre-Rullquin

Alkoholgehalt: *6% vol.*
Gärung: *gemischt*
Flasche: *0,75 Liter mit Champagnerkorken*
Hersteller: *Brasserie Artinanale de Rulles/ Gueuzerie Tilquin*
Herkunft: *Belgien*

Rulles und Tilquin sind die Eckpfeiler der New-Wave-Brauereien in Belgien, die einen Schritt über die Klassiker hinausgehen und das neue Jahrtausend mit Frische und Innovation angehen. Die Brasserie de Rulles ist eine Kreation von Grégory Verhelst, einem Brauer, der Anfang der 2000er-Jahre begann, klassische Stile mit avantgardistischer Hopfung zu brauen, und neue Biere wie das La Rulles Estival kreierte. Pierre Tilquin ist ein Lambic-Assembler mit Sitz in Wallonien: Er kauft Bierwürze von Produzenten aus dem Payottenland und aus Brüssel und lässt sie in den Fässern seiner Gueuzerie Tilquin gären und reifen. Seine Herangehensweise an ein Produkt wie das Lambic ist von Respekt vor der Tradition geprägt, ohne dass die Experimentierfreude hintanstehen müsste. Das Mûre-Rullquin ist ein Verschnitt aus 7/8 Rulles Brune und 1/8 jungem Lambic von Tilquin (acht Monate Fassreife). Bevor es in der Flasche für weitere sechs Monate reift, wird es nochmals mit 260 g/l Brombeeren vergoren.

Verkostung
Auge: *braun mit violetten Reflexen, deutliche Hefeablagerung, instabile Schaumkrone.*
Nase: *wilde Noten (Holz, Staub, Keller), Früchte, Karamell, schwache Röstnote, Wein.*
Gaumen: *schlanker Körper, Säure, rote Früchte, Karamell, Röstaroma, Holz.*
Gesamteindruck: *Das Brune di Rulles mildert die Fülle und die Rauheit des jungen Lambics von Tilquin ab, und durch die süß-säuerlichen Noten der Brombeeren erhält dieses Bier eine zusätzliche Geschmacksebene.*

Miss Liken

Alkoholgehalt: *8 % vol.*
Gärung: *obergärig*
Flasche: *0,75 Liter mit Kronkorken*

Hersteller: *Birrificio BioNoc' – Birre della terra*
Herkunft: *Mezzano, Trentino (Italien)*

BioNoc' ist das Ergebnis der Zusammenarbeit zweier Freunde: Fabio Simoni (Bio) und Nicola Simion (Noc). Seit 2013 befindet sich die Brauerei im Primiero-Tal, mit dem sich die Brauer sehr verbunden fühlen. Die Brauerei hat vier Produktlinien im Angebot: die ganzjährigen Biere (traditionell), die Saisonbiere (gelegentlich produzierte Spezialbiere), Sauerbiere (Fassreifung unter der Leitung von Nicola Coppe) und die „birre della terra". Letztere werden mit Cerealien und Hopfen des Landwirtschaftsbetriebs Stonebreaker, ansässig auf den Berici-Hügeln, gebraut. Miss Liken enthält neben den Cerealien (Malz, Roggen und Weizen) und dem Trentiner Hopfen eine weitere, sehr ungewöhnliche Zutat: Flechten, die Wächter unseres Ökosystems. Flechten bestehen aus lebenden Algen und Pilzen, die in einer ebenso unzertrennlichen Symbiose leben wie die Brauerei und ihr Land.
Das Bier wurde vom Sternekoch des Restaurants El Molin di Cavelese, Alessandro Gilmozzi, kreiert, der für seine brillanten Interpretationen der alpenländischen Küche bereits seit Jahren Flechten verwendet.

Verkostung
Auge: *strohgelbe Farbe, trüb, stabile, weiße Schaumkrone.*
Nase: *reife Früchte, Gewürze, Unterholznoten.*
Gaumen: *runder Körper, rote Früchte, schwache balsamische und Zitrusnoten.*
Gesamteindruck: *Trotz des Eindrucks eines belgischen Klassikers entführt es dich in eine andere Welt.*

Mexicake

Alkoholgehalt: *11 % vol.*
Gärung: *obergärig*
Flasche: *0,33 Liter mit Kronkorken*

Hersteller: *Tempest Brewing Co.*
Herkunft: *Galashiels (UK)*

Die Tempest Brewing entstand 2010 aus der Leidenschaft zweier Freunde aus Neuseeland, die sich in Schottland einen verlassenen Bauernhof kauften, um dort Bier zu brauen. 2014 waren sie bereits so weit, dass sie sich vergrößern mussten, und seit 2018 gehören sie dank ihres Könnens und ihrer Experimentierfreude zu den erfolgreichsten Newcomern der Branche.
Mexicake ist eine Art Kuchen in Form eines Bieres: ein Imperial Stout, hergestellt unter Zugabe von Vanilleschoten, Zimt aus Sri Lanka, hochwertigem Kakao, Mulato- und Chipotle-Chilis. Eine mexikanische Torte, scharf, aromatisch, würzig und flüssig in der Flasche. Die Herausforderung besteht hier aus den vielen Zutaten und der Kunst, sie richtig zu dosieren: Alles muss präsent sein, nichts darf hervorstechen.

Verkostung
Auge: *undurchsichtiges Schwarz, hellbraune, instabile Schaumkrone.*
Nase: *Vanille, Kakao, Röstkaffee. Nach und nach entwickeln sich die Chili- und Zimtnoten.*
Gaumen: *Schokolade, Kaffee und eine leichte Schärfe der Chilis. Dann entfalten sich Zimt und Vanille, und die Schärfe der Chilis wird präsenter und anhaltend. Der Alkohol wärmt und unterstreicht die Schärfe, ist aber nicht dominant.*
Gesamteindruck: *ein interessantes, ausgewogenes und gut gemachtes Imperial Stout; die Zutaten passen gut zusammen, und die Schärfe ist angenehm; bei diesem Bier ist alles an seinem Platz, es ist ein Genuss, es zu trinken.*

Kameradski Balsamico

Alkoholgehalt: *12,5 % vol.*
Gärung: *gemischt*
Flasche: *0,33 Liter mit Kronkorken*

Hersteller: *Bouwerij 't Verzet*
Herkunft: *Anzegem (Belgien)*

Alex Lippens und Koen Van Lancker sind Studienfreunde mit einer Leidenschaft fürs Bierbrauen. Jung, mittellos, aber entschlossen begannen sie in verschiedenen Brauereien Erfahrungen zu sammeln. 2011 gründeten sie ihre eigene Bierfirma und machten Kenner der Szene schnell auf sich aufmerksam. Dann, 2016, konnten sie in ihrem Heimatort ihre eigene kleine Brauerei namens „'t Verzet" eröffnen. Der Name bedeutet „der Widerstand"; vielleicht wählten sie ihn, weil sie ihr Vorhaben allen Widerständen zum Trotz durchsetzen konnten, oder einfach, weil sie sich über die Konventionen hinwegsetzten und Biere mit eigenständigem Charakter kreierten, wie das Kameradski Balsamico, das als Weiterentwicklung des alten belgischen „Schlachtrosses" Oud Bruin angesehen werden darf. Das Kameradski ist ein Verschnitt aus zwei Stilen und zwei Herstellungsphilosophien (Imperial Stout und drei Jahre altes Oud Bruin), die eine perfekte Einheit bilden, die mehr ist als die Summe ihrer Inhaltsstoffe. Süße und Säure jagen sich ohne Unterlass, und doch ist es, als säßen sie einträchtig und bequem nebeneinander auf einem roten Plüschsofa, wie bei einem echten, traditionellen Balsamico-Essig aus Modena.

Verkostung
Auge: *sehr dunkles Braun, kleine, feinporige, hellbraune Schaumkrone.*
Nase: *Kakao, Brombeere, Blaubeere, Himbeere, Wein, Balsamico.*
Gaumen: *cremig und weich, Schokolade mit Früchten, süß, dann süßsauer mit säuerlichem Ausklang.*
Gesamteindruck: *ein süßsaures Spiel auf einer Tafel Schokolade mit dem gefährlichen Alkoholgehalt von 12,5 %: 1+1=3 ... verblüffend!*

Italian Tomato Ale

Alkoholgehalt: *4,5 % vol.*
Gärung: *obergärig*
Flasche: *0,33 Liter mit Kronkorken*
Hersteller: *Carrobiolo*
Herkunft: *Monza (Italien)*

In der Brauerei Carrobiolo liebt man Widersprüche, und deshalb findet auch der Braumeister Matteo Bonfanti Gefallen daran, mit großen klassischen Bieren zu experimentieren. Dieses Bier entstand zusammen mit dem „Porcini Imperial Stout" als Antwort auf die vielen aromatisierten Biere, die keine „echten" Zutaten enthalten. Das Italian Tomato Ale dagegen enthält alle Zutaten, die man für eine echte Pizza braucht: Getreide, Tomaten, Oregano und Basilikum. Man mag dieses Bier wegen der Tomaten vor dem Probieren mit Argwohn betrachten, aber nur, weil man vergisst, dass die Tomate ja eigentlich eine sehr zuckerhaltige Frucht ist. Schon das Aroma in der Nase erstaunt, und der erste Schluck entlockt ein Lächeln. Die in voller Reife gepflückten Datteltomaten werden in rohem Zustand verarbeitet und zusammen mit der Bierwürze vergoren, sozusagen „weiß gekeltert" – wie die blauen Pinot-Trauben beim Champagner –, um ein helles Bier zu erhalten. Oregano und Basilikum werden in unterschiedlichen Anteilen sowohl beim Maischen als auch am Ende der Gärung hinzugefügt. Ein Bier für die Gastronomie, das sich sehr gut mit unterschiedlichen Gerichten kombinieren lässt.

Verkostung
Auge: *goldgelbe Farbe, trüb, instabile weiße Schaumkrone.*
Nase: *Pizza Margherita (Tomate, Oregano, Brotteig).*
Gaumen: *schlanker Körper, leichte Säure, reife Tomaten, Minz-Nuancen.*
Gesamteindruck: *Wenn Bier flüssiges Brot ist, ist dieses flüssige Pizza.*

Péché Mortel

Alkoholgehalt: *9,5 % vol.*
Gärung: *obergärig*
Flasche: *0,341 Liter mit Kronkorken*

Hersteller: *Brasserie Dieu du Ciel!*
Herkunft: *Montreal, Quebec (Kanada)*

„Dieu du Ciel!" heißt so viel wie „du lieber Himmel!", und das ist auch der Name, den der Mikrobiologe und ehemalige Hobbybrauer Jean-François Gravel seinem kleinen Brewpub gab, das er 1998 in Kanada eröffnete. Über die Jahre konnte er sich in ganz Kanada einen Namen machen. Nachdem er 2007 die Produktion in einen ehemaligen Supermarkt verlagert hatte – im Brewpub reichte der Platz nicht einmal für eine Abfüllanlage –, entwickelte sich die Brauerei zu einem Craftbier-Spezialisten mit Weltniveau in puncto Qualität, Kontinuität und Kreativität.
Imperial Stouts mit Kaffee bilden mittlerweile eine eigenständige Stilkategorie, und das 2001 erschienene Péché Mortel (Todsünde) ist der Meilenstein unter den Imperial Coffee Stouts. Dieses Bier schafft es, voll, aber süffig, intensiv und doch einfach, alkoholisch und trotzdem sanft zu sein, mit einem omnipräsenten Kaffeearoma, das sich in vielen verschiedenen Nuancen entfaltet. In der Tat eine Todsünde, es nicht zu probieren.

Verkostung
Auge: *dunkelbraune, fast schwarze Farbe, cappuccinofarbene, stabile Schaumkrone.*
Nase: *Röstkaffee, grüner Kaffee, dunkles Malz, likörartig, Süßholzwurzel, Tabak.*
Gaumen: *mittlerer Körper, sehr spritzig, Espresso, frisch gebrühter Kaffee, Kaffeelikör, Kakao und Melasse, bittersüß, leicht adstringierende Säure.*
Gesamteindruck: *Wer Kaffee lieber mag als Bier, sollte es kosten, um sich eine neue Welt zu eröffnen.*

17.03 Insa
Pete's Dark Past

Alkoholgehalt: *7,5 % vol.*
Gärung: *obergärig*
Dose: *0,44 Liter*

Hersteller: *Northern Monk*
Herkunft: *Leeds (UK)*

Northern Monk ist eine Brauerei, die 2014 in Leeds entstand, „dem spirituellen Herz der industriellen Revolution". Ihre Mission ist es, Biere in Anlehnung an die Mönche herzustellen, die vor Jahrhunderten dort Bier brauten, allerdings in modernem Gewand. Um Künstlern, Athleten und lokalen Größen Raum zu geben, entstand das Projekt Patrons: sieben limitierte Editionen pro Serie, in verschieden designten Dosen.
Das Pete's Dark Past ist Teil der Serie 17, gewidmet dem Straßenkünstlers Insa aus Leeds, der durch seine Arbeiten mit modernen Technologien international bekannt wurde. Das Bier Nummer drei ist ein „Chocolate, Caramell & Biscuit Stout", mit Schokolade, Karamell und Laktose hergestellt. Was auf dem Papier sehr gewagt klingt, ist in Wahrheit sehr ausgewogen und angenehm, wenn man es kostet.
Genau wie einige von Insas Werken bedarf es einer aufgeschlosseneren Sichtweise, um es richtig zu schätzen.

Verkostung
Auge: *undurchsichtige, dunkelbraune Farbe mit hellbrauner, instabiler Schaumkrone.*
Nase: *vor allem Vanille, Karamell, Schokolade, Malzkaffee, geröstete Haselnüsse.*
Gaumen: *voller, samtiger Körper; es wiederholen sich die Aromen der Nase, trockener Ausklang.*
Gesamteindruck: *ein komplexes Bier, sehr wohlschmeckend und nie unangenehm; eine schöne Erfahrung für die Glücklichen, die es kosten durften.*

Original Raspberry Meringue Ice Cream Pie

Alkoholgehalt: *6 % vol.*
Gärung: *obergärig*
Dose: *0,44 Liter*

Hersteller: *Omnipollo®+ Buxton Brewery*
Herkunft: *Stockholm (Schweden) und Buxton (UK)*

Das Craftbier-Projekt namens „Omnipollo®" entstand 2010 in Schweden aus der Zusammenarbeit zwischen dem Brauer Henok Fentie und dem Künstler Karl Grandin. Die Vereinigung von Bier und Popkultur mit der Idee, Bier in Zusammenarbeit mit Brauereien auf der ganzen Welt herzustellen, rief diese Gypsy-Brauerei ins Leben, die Biere herstellt, deren Zutaten, gelinde gesagt, eine Provokation sind.
Das Original Raspberry Meringue Ice Cream Pie mit der ikonischen Dose ist ein Bier, das durch seine extreme Süffigkeit besticht und die Grenzen zwischen Bier und Dessert vergessen lässt. In Zusammenarbeit mit den Freunden von der Buxton Brewery (Experten für unkonventionelle Zutaten) ist dieses Bier mit Himbeersaft, Vanille und Laktose entstanden, dazu noch andere von Eis und Torten inspirierte Biere. Sie nennen es „Fruit Beer", und irgendwie ist es das auch.

Verkostung
Auge: *intensives Rosa, leicht trüb, mit hellrosafarbener, relativ stabiler Schaumkrone.*
Nase: *Himbeere, Vanille, Zitrusnoten.*
Gaumen: *Die leichte Zitronensäure lässt Raum für die Fülle der Laktose. Die Himbeeren sind sehr präsent, ebenso wie die Vanille. Langer, weicher Abgang.*
Gesamteindruck: *Der Grat zwischen Bier und Dessert ist schmal. Ein seltener Genuss, man muss es kosten, um die neuen Trends zu verstehen.*

Pillars of Light Peach Milkshake IPA

Alkoholgehalt: *7,5 % vol.*
Gärung: *obergärig*
Dose: *0,44 Liter*

Hersteller: *Amundsen Brewery*
Herkunft: *Oslo (Norwegen)*

Amundsen ist heute nicht nur die größte Craftbier-Brauerei Oslos, sondern ganz Norwegens. Die Besitzer begannen 2011 mit einem kleinen Brewpub und einer kleinen Fünf-Hektoliter-Anlage und wuchsen in wenigen Jahren dank der guten Vermarktung ihres Craftbiers zu respektabler Größe heran. Die Brauerei setzt auf neue Trends und scheut sich nicht, mit ihren ausgefallenen Kreationen die Grenzen der traditionellen Braukunst zu überschreiten.
Ihre Milkshake IPAs, wie dieses Pillars of Light Peach, sind dafür konkrete Beispiele: gut gemachte Biere im angesagten Stil, aber mit eigener Note. Vielleicht weniger interessant als andere Biere dieses Kapitels, Stil und Zutatenliste betreffend, aber trotzdem ein gelungenes Beispiel für die Verwendung von frischen Früchten, Vanille und Laktose in einem IPA.

Verkostung
Auge: *goldgelbe Farbe, trüb, mit kleiner, wenig stabiler, weißer Schaumkrone.*
Nase: *Pfirsich, Vanille, tropische Früchte (Papaya, Passionsfrucht) und eine krautige Note.*
Gaumen: *Die weiche Note der Laktose hebt die Pfirsich- und Vanilleanklänge hervor, und das Aroma der krautigen Hopfennoten bildet den langen Abgang.*
Gesamteindruck: *Süffig, voll, frisch, krautig; hinterlässt ein angenehmes Gefühl. Nichts Extremes: Seine Kraft liegt in der Frische und der sorgfältigen Produktion.*

Even More Candy Bars ed. 4

Alkoholgehalt: *14,4 % vol.*
Gärung: *obergärig*
Dose: *0,473 Liter*

Hersteller: *Evil Twin Brewing*
Herkunft: *Kopenhagen (Dänemark)/ Ridgewood, New York (USA)*

Die Evil Twin Brewing nahm 2010 als Gipsy-Brauerei in Dänemark ihren Anfang, also ohne eigene Brauanlage, bis die Betreiber 2019 in NYC ihre eigene Brauerei eröffneten. Evil Twin möchte Verwirrung stiften, stören und verblüffen durch unerwartete Biere, die jedes Schema sprengen.
Die vierte Edition von Even More Candy Bars ist ein Beispiel dieses Konzepts: ein Imperial Stout (oder besser Pastry Stout) mit hohem Alkoholgehalt und rund 90 kg Kit-Kat-Riegeln im „dry hopping“. Und das ist nicht einmal ihr extremstes Bier – aber sicherlich eine interessante Idee, ein kommerzielles, wiedererkennbares Produkt für die Bierherstellung zu verwenden. Hier geht es nicht um eine Zutat, die in kleinen Mengen vor Ort produziert wird, sondern sie wird sozusagen direkt aus dem Supermarktregal in die Göranlage geschüttet. Auch das ist Kunst.

Verkostung
Auge: *undurchsichtiges Schwarz, mit hellbrauner, stabiler Schaumkrone.*
Nase: *Milchschokolade, Karamell, Vanille und Noten von verbranntem Kaffee.*
Gaumen: *Die Schokolade ähnelt jetzt mehr dem „Kit Kat“ mit Noten von Kaffee, Karamell und dem leicht harzigen Effekt des Hopfens. Der Alkohol wärmt nicht so stark, wie bei diesem Alkoholgehalt erwartet.*
Gesamteindruck: *Voller Körper, der Alkohol ist nicht aufdringlich, die Schokolade vermischt sich mit dem Kaffee ... ein wirklich angenehmes Imperial Stout. Das Kit Kat erkennt man nicht wieder. Aber braucht man wirklich diese Schokolade für ein Imperial Pastry Stout?*

Lemon Sherbet

Alkoholgehalt: *6 % vol.*
Gärung: *obergärig*
Dose: *0,33 Liter*

Hersteller: *CoolHead – Pühaste – Zagovor (Kollaboration)*
Herkunft: *Tuusula (Finnland)*

In Tuusula, rund 30 Kilometer von Helsinki entfernt, entsteht 2016 die Brauerei CoolHead mit der Mission, Sauerbier, IPAs und stark alkoholische Biere zu brauen, ohne auf die Reifung in Holzfässern zu verzichten. Die Philosophie des Unternehmens ist es, den nordischen Minimalismus mit den bunten Geschmacksnoten der Tropen zu verbinden – ein Kontrast, der sich in den Zutaten wiederfindet: Lakritz und Banane oder Kokos und Salbei.
Das Lemon Sherbet, in Zusammenarbeit mit den Brauereien Pühaste (Estland) und Zagovor (Russland) gebraut, ist eine „Double Dry Hopped Imperial Berliner Weiße", eine „super" Berliner Weiße mit doppeltem Alkoholgehalt, zweifach hopfengestopft (mit Aromahopfen Citra und Ekuanot) und mit Zitronenschale und Koriander verfeinert. Die Zugabe von Laktose und Hafer sorgt für die weiche Samtigkeit, die, ebenso wie der Name, uns an ein Zitronensorbet erinnern soll.

Verkostung
Auge: *kräftiges opaleszentes Gelb, großporige, weiße Schaumkrone.*
Nase: *Zitrone, Zitronenschale, Zitronenfruchtfleisch, Zitronensaft, Zitrone.*
Gaumen: *starke Zitronensäure, krautige Noten von Löwenzahn, Gewürze, sehr spritzig.*
Gesamteindruck: *Ein extremes Bier, das Spaß macht; wenn ihr denkt, eine Cola sei durstlöschend und verdauungsfördernd, dann kostet dieses Bier!*

Cherry Bubble Gum

Alkoholgehalt: *4,5 % vol.*
Gärung: *obergärig*
Dose: *0,33 Liter*

Hersteller: *Duckpond Brewing*
Herkunft: *Göteborg (Schweden)*

Nikola Sarcevic – Leader der schwedischen Punkrockband Millencolin – gründet 2013 eine kleine Brauerei in Göteborg namens „Mikrofonbryggeriet", die er 2019 in Duckpond Brewing umbenennt. Er braut experimentelle Biere, die von Cocktails und Nachspeisen inspiriert sind, mit Zutaten, die normalerweise in einem Bier nichts zu suchen haben.
Cherry Bubble Gum – eine Berliner Weiße mit Kirschen und Kaugummi – ist ein Beispiel seiner experimentellen Produktlinie. Auf der Dose sind nur die Allergene aufgelistet, nicht die Zutaten, daher wissen wir nichts über den Kaugummi. Obwohl es schön anzuschauen und angenehm zu trinken ist, bleibt dieses Bier in seiner unkonventionellen Art etwas sperrig. Dennoch ist es eine gute Idee und eine interessante Interpretation der klassischen Aromen der Berliner Weiße.

Verkostung
Auge: *die Farbe roter Bete, trüb, üppige rosarote, instabile Schaumkrone.*
Nase: *vor allem Kaugummi, Karamell und Kirschjoghurt.*
Gaumen: *Kirsche und Kaugummi verdecken fast alles andere. Die Zitronensäure und der schlanke Körper mildern das Gefühl von Kirschsirup ein wenig. Der säuerliche Ausklang macht es angenehmer.*
Gesamteindruck: *ein frisches, alles in allem ausgewogenes Bier, trotz der Schwere des etwas künstlichen Geschmacks des Kaugummis; ein Experiment am Rande des Bieres, ohne zu gewagt zu sein.*

Über die Autoren

Pietro Fontana ist Eigentümer einer renommierten Mikrobrauerei in Monza, dem Piccolo Opificio Brassicolo del Carrobiolo Fermentum. Neben seinen prämierten Craftbieren, die er mit ausgesuchten Zutaten vor Ort herstellt, organisiert er Bierbraukurse für Hobbybrauer und Events, mit denen er die breite Öffentlichkeit über die Welt der Craftbiere informieren möchte. Bei White Star hat er bereits *Bier: Geschichte, Biersorten und Traditionen rund ums Bierbrauen* veröffentlicht.

Fabio Petroni hat als Profi-Fotograf mit den Besten der Branche zusammengearbeitet und spezialisierte sich auf Stillleben, die er mit Intuition und Präzision ausführt. Er arbeitet mit den wichtigsten Werbeagenturen zusammen und wirkte maßgeblich an zahlreichen Kampagnen für weltbekannte Unternehmen mit. Seit Jahren ist er auch für White Star tätig und erarbeitet die Fotostrecken für hochwertige Bildbände.

Danksagung

Der Autor dankt insbesondere Efrem Borroni für die wertvolle, unverzichtbare Zusammenarbeit bei der Texterstellung.
Sein Dank gilt auch der „Brasserie Indipendante“ und „Pane Liquido“ für die Bereitstellung von Flaschen und Dosen.

Bildnachweis

Alle Fotos von Fabio Petroni, außer:
Umschlagvorderseite: tiko_photographer/Shutterstock – SS. 2: Shutterstock.com – S. 7: Hulton Archive – S. 9: Getty Images – S. 21, 22 u. 23: Shutterstock.com.

Redaktionelle Leitung • Valeria Manferto de Fabianis

Grafische Gestaltung • Maria Cucchi

WHITE STAR VERLAG

WS White Star Verlag® ist eine
eingetragene Marke von White Star s.r.l.

Piazzale Luigi Cadorna, 6 – 20123 Mailand, Italien
www.whitestar.it

Übersetzung: Simone Blass
Produktion und Redaktion Deutschland: Dr. Rainer Schöttle Verlagsservice
Korrektorat: Manuela Tiller

ISBN 978-88-6312-430-9
1 2 3 4 5 6 24 23 22 21 20

Gedruckt in Kroatien